高等院校财经专业系列实训教程

基础会计学实训教程

谢明香　曾　俊　张瑞军◎编

JICHU KUAIJIXUE
SHIXUN JIAOCHENG

经济管理出版社
ECONOMY & MANAGEMENT PUBLISHING HOUSE

图书在版编目（CIP）数据

基础会计学实训教程/谢明香，曾俊，张瑞军编．—北京：经济管理出版社，2017. 3
ISBN 978 – 7 – 5096 – 4915 – 2

Ⅰ. ①基…　Ⅱ. ①谢… ②曾… ③张…　Ⅲ. ①会计学—教材　Ⅳ. ①F230

中国版本图书馆 CIP 数据核字(2017)第 024484 号

组稿编辑：张巧梅
责任编辑：杨国强　张瑞军
责任印制：黄章平
责任校对：王淑卿

出版发行：经济管理出版社
（北京市海淀区北蜂窝 8 号中雅大厦 A 座 11 层　100038）
网　　址：www. E – mp. com. cn
电　　话：（010）51915602
印　　刷：玉田县昊达印刷有限公司
经　　销：新华书店
开　　本：720mm × 1000mm/16
印　　张：19. 75
字　　数：332 千字
版　　次：2017 年 3 月第 1 版　　2017 年 3 月第 1 次印刷
书　　号：ISBN 978 – 7 – 5096 – 4915 – 2
定　　价：48. 00 元

前　言

现在提倡的应用型专、本科教育的最主要特点是培养学生的实际动手能力。学以致用，学生毕业后无论是走上工作岗位还是继续深造，都要有一个扎实的专业基础和务实的工作、求学态度。为使大多数学生能够及早胜任本职工作，也使少数继续求知的学生学习目的更加明确，在理论探讨的路上走得更远、更高，学校必须安排相当的、行之有效的实验实训练习。对会计专业的学生而言，加大理论联系实际的力度，提升学生的实际动手能力，加强感性认识，显得尤为突出。

学生选择自己的专业，大多数是理性的，跟自身的思维模式密切相关。会计专业的学生就是务实。针对这一特点，我们始终坚持开设手工会计模拟实验课程，该课程安排在《基础会计学》之后，《中级财务会计》之前，具有很好的巩固作用，也增强了学生继续学习的兴趣，效果明显。

财税制度的不断改革，以及结算方式、货物运输方式等变得更加快捷和多样化，社会保障体系的加强和完善，尤其是“营改增”的全面实施等极大地触动了中小企业会计日常核算行为，使其更加规范，更加有据可依。本编写组为了及时更新知识，全新设计、编辑了本教程。在编写过程中，力求做到全面、系统、仿真、新颖，具有操作性和实用性，单据设计力争做到与实务吻合。本书的特点体现在以下几个方面：

一是仿真性。本实训教程模拟了一家制造企业的日常核算业务（业务进行提炼），既有供、产、销三个环节，体现原理核心内容，也有表现浓郁人文生活气息的业务穿插，如实地呈现了时下中小企业生产、经营现状，努力营造一个企业与职工、企业与企业、企业与政府和谐共赢的氛围，体现了做企业的社会责任和担当，合情合理，合法合规，传递正能量。

二是时效性。业务选取在全面实行“营改增”以后，从外面取得的原始发票都是“营改增”后由国家税务局提供给企业的，新颖、规范，在业务内容的选择上既具有普遍性，也有行业特色。

三是全面性、综合性。本实训教程模拟了某企业12月的业务，从会计核算流程来讲，涵盖了建账、审核原始凭证、填制记账凭证、定期汇总、登记账簿、年终扎账、编制会计报表等完整步骤；从内容来讲，有材料的采购与发出的核算、产品成本的核算、应付职工薪酬、财产清查等。目的是通过实训使学生对会计工作有一个基本的整体认识。

四是实用性和操作性。单据来自企业，具有可操作性。本实训教程除了用于手工模拟以外，还可以作为会计电算化（用友、金蝶等软件）的上机操作资料，更可以作为准备从事会计实务工作的人员岗前培训的参考用书。

《基础会计学实训教程》由武汉科技大学管理学院谢明香、曾俊、张瑞军主持编写。

参加编写的人员分工如下：谢明香、曾俊、刘苹、任延华、代军、魏明良等老师参加编写前的企业调研工作；谢明香、曾俊、张瑞军负责单据模板的设计；参考答案由谢青莲、盛阳、叶欣、曾俊负责提供；全书文字的撰写、数据的设计编排、全书的统纂、修改和定稿由谢明香、曾俊负责完成。

在本书的调研、编写过程中，得到了几家企业、税务部门、银行以及管理学院研究生付奎的帮助，在此对给予本教程出版大力支持和帮助的朋友们表示感谢！因会计实训教程涉及大量的单据和数据设计，并且数据间的勾稽要求严格，尽管我们很努力，因水平有限，书中难免有疏漏和不足之处，敬请广大同仁和读者批评指正。

特别说明

本实训资料中所涉及的单位、地址、电话、纳税人识别号以及人名等均为虚构。所用资料已经过加工提炼，仅供教学、实训使用，如有雷同，纯属巧合。

编　者

2016年11月

目　录

第一章　基础会计学实训教程的目的

一、基础会计学实训的重要性

会计实训是缩短理论教学与会计实践的距离，培养学生动手能力的一个重要途径，更确切地说，是会计综合能力的一个培养途径。本教程的模拟实训将会计理论与会计实务有机结合。通过实训，使学生能够比较系统、全面地掌握企业会计核算的具体方法。既是基础会计理论的必要补充和巩固，又是后续课程理论教学和模拟实训的基础，起着承上启下的桥梁作用。

二、基础会计学实训的目的

在学习了会计的基本理论和方法的基础上，通过实训，提高学生识别原始凭证的能力。

通过实训，让学生学会从建账开始，识别原始凭证（有些还需自制原始凭证），根据审核无误的原始凭证，编制记账凭证；根据审核的记账凭证结合原始凭证或原始凭证汇总表，登记序时账簿、明细账，根据企业采用的会计核算形式，登记总账，最后编制会计报表，完成一次会计循环，熟练掌握会计核算流程。

通过实训，让学生在没有走出校门之前，便见识了众多的原始凭证，掌握了会计核算方法，理解了会计循环中每一循环之间的联系，加深了对会计循环的理解。同时，掌握会计的基本技能，锻炼动手能力。另外，培养会计/财管/审计/会计电算化学生的耐心、细心、恒心，为学生毕业后从事会计工作打下坚实的基础。

第二章　学时分配及实训准备和安排

一、学时分配

一般安排2～3周，在实训室实习，每天按8学时计算，一般需80～120学时。

学时分配如表2－1所示。

表2－1　学时分配

内容	学时	备注
建账	6	
编制记账凭证	40	
登记账簿	20	
编制科目汇总表	6	
编制总分类账户发生额和余额试算平衡表	6	
对账	2	
结账	3	
编制会计报表	12	
资料整理与装订	1	
合计	96	

二、实训所需资料

实训所需资料如表 2－2 所示。

表 2－2　实训所需资料明细

实训资料名称	数量（实耗）	备注
记账凭证（通用）	110 张	二选一
（收款凭证）	21 张	
（付款凭证）	45 张（或半本）	
（转账凭证）	45 张	
科目余额表	3～9 张	本资料提供，可复印
三栏式账页	54 张	
数量金额式账页	10 张	
多栏式账页	5 张	
现金日记账账页	1 张	
银行存款日记账账页	2 张	
总账	1 本	可用三栏式账页代替
空白报表		
其中：资产负债表	1 张	本资料提供
利润表	1 张	本资料提供
现金流量表	1 张	本资料提供
凭证封面	3 套	

注：应交税费——应交增值税明细账，是一种特殊的多栏式账页，可用多栏式账页根据需要进行设计。

三、凭证、账簿、会计报表的样式

（一）记账凭证格式

收 款 凭 证　　　　字第　号

年　月　日　　　　借方科目：

摘　要	贷　方		金　额											√
	总账科目	明细科目	亿	千	百	十	万	千	百	十	元	角	分	
合　计														

附单据　张

会计主管：　记账：　出纳：　复核：　制单：

付 款 凭 证　　　　字第　号

年　月　日　　　　贷方科目：

摘　要	借　方		金　额											√
	总账科目	明细科目	亿	千	百	十	万	千	百	十	元	角	分	
合　计														

附单据　张

会计主管：　记账：　出纳：　复核：　制单：

转 账 凭 证

字第 号

年 月 日

摘要	总账科目	明细科目	借方金额											贷方金额											√
			亿	千	百	十	万	千	百	十	元	角	分	亿	千	百	十	万	千	百	十	元	角	分	
合计																									

附单据 张

会计主管： 记账： 出纳： 复核： 制单：

或

记 账 凭 证

字第 号

年 月 日

摘要	总账科目	明细科目	借方金额											贷方金额											√
			亿	千	百	十	万	千	百	十	元	角	分	亿	千	百	十	万	千	百	十	元	角	分	
合计																									

附单据 张

（二）三栏式账簿、数量金额式账簿、多栏式账簿、应交税费——应交增值税明细账（一般纳税人用）、科目汇总表格式

总页号	分页号

一级科目________

子目或户名________

年		凭证		摘要	借方											核对	贷方											核对	借或贷	余额											核对
月	日	种类	号数		亿	千	百	十	万	千	百	十	元	角	分		亿	千	百	十	万	千	百	十	元	角	分			亿	千	百	十	万	千	百	十	元	角	分	
				过次页																																					

1106　　复核　　　　记账　　　　核准

最高存量	
最低存量	

账号	总页码
页数	

明细科目：____________

品名：______类别：______存放地点：______规格：______计量单位：______编号：______

1123

年		凭证		摘要	借方													√	贷方													√	借或贷	余额													√
月	日	种类	号数		数量	单价	金额												数量	单价	金额													数量	单价	金额											
							亿	千	百	十	万	千	百	十	元	角	分				亿	千	百	十	万	千	百	十	元	角	分					亿	千	百	十	万	千	百	十	元	角	分	
				过次页																																										

复核　　　记账　　　核准

总页	
分页	

年		凭证		摘要								
月	日	字	号数		千百十万千百十元角分	百十万千百十元角分	百十万千百十元角分	百十万千百十元角分	百十万千百十元角分	百十万千百十元角分	百十万千百十元角分	百十万千百十元角分
				过次页								

入账　　审核　　记账　　核准

总页	
分页	

1115

									贷方																																															借或贷	余额									
出口抵减内销产品应纳税额									合计											销项税额									出口退税									进项税额转出									转出多交增值税																			
百	十	万	千	百	十	元	角	分	亿	千	百	十	万	千	百	十	元	角	分	百	十	万	千	百	十	元	角	分	百	十	万	千	百	十	元	角	分	百	十	万	千	百	十	元	角	分	百	十	万	千	百	十	元	角	分		千	百	十	万	千	百	十	元	角	分

应交税费——应交增值税明细账

1115

年		凭证		摘要	借方																																														
月	日	字	号数		合计											进项税额									已交税金									减免税款									转出未交增值税								
					亿	千	百	十	万	千	百	十	元	角	分	百	十	万	千	百	十	元	角	分	百	十	万	千	百	十	元	角	分	百	十	万	千	百	十	元	角	分	百	十	万	千	百	十	元	角	分
				过次页																																														

记账凭证汇总表

会汇字第　号

记账凭证自　年　月　日至　月　日自　号至　号共　张　　　　年　月　日

科目名称	借方金额											贷方金额											过账
	亿	千	百	十	万	千	百	十	元	角	分	亿	千	百	十	万	千	百	十	元	角	分	
合计																							

会计主管：　　记账：　　出纳：　　复核：　　制单：

记账凭证汇总表

会汇字第　号

记账凭证自　　年　月　日至　月　日自　号至　号共　张　　　　　　年　月　日

科目名称	借方金额											贷方金额											过账
	亿	千	百	十	万	千	百	十	元	角	分	亿	千	百	十	万	千	百	十	元	角	分	
合计																							

会计主管：　　　　记账：　　　　出纳：　　　　复核：　　　　制单：

记账凭证汇总表

会汇字第　号

记账凭证自　年　月　日至　月　日自　号至　号共　张　　　年　月　日

科目名称	借方金额											贷方金额											过账
	亿	千	百	十	万	千	百	十	元	角	分	亿	千	百	十	万	千	百	十	元	角	分	
合计																							

会计主管：　　记账：　　出纳：　　复核：　　制单：

记账凭证汇总表

会汇字第　号

记账凭证自　年　月　日至　月　日自　号至　号共　张　　　　年　月　日

科目名称	借方金额											贷方金额											过账
	亿	千	百	十	万	千	百	十	元	角	分	亿	千	百	十	万	千	百	十	元	角	分	
合计																							

会计主管：　　记账：　　出纳：　　复核：　　制单：

记账凭证汇总表

会汇字第　号

记账凭证自　年　月　日至　月　日自　号至　号共　张　　　　年　月　日

科目名称	借方金额											贷方金额											过账
	亿	千	百	十	万	千	百	十	元	角	分	亿	千	百	十	万	千	百	十	元	角	分	
合计																							

会计主管：　　记账：　　出纳：　　复核：　　制单：

记账凭证汇总表

会汇字第　号

记账凭证自　　年　月　日至　月　日自　号至　号共　张　　　　年　月　日

科目名称	借方金额											贷方金额											过账
	亿	千	百	十	万	千	百	十	元	角	分	亿	千	百	十	万	千	百	十	元	角	分	
合计																							

会计主管：　　　记账：　　　出纳：　　　复核：　　　制单：

（三）总分类账户发生额及余额试算平衡表格式

总分类账户发生额及余额试算平衡表

年　　月　　日　　　　　　　　　　　　　单位：元

会计科目	期初余额		本期发生额		期末余额	
库存现金						
银行存款						
应收票据						
应收账款						
预付账款						
其他应收款						
在途物资						
原材料						
库存商品						
固定资产						
累计折旧						
无形资产						
累计摊销						
生产成本						
制造费用						
待处理财产损溢						
短期借款						
应付票据						
应付账款						
预收账款						
应付职工薪酬						
应交税费						
应付利润						
应付股利						
其他应付款						
实收资本						
资本公积						
盈余公积						
本年利润						

续表

会计科目	期初余额		本期发生额		期末余额	
利润分配						
主营业务收入						
其他业务收入						
投资收益						
营业外收入						
主营业务成本						
其他业务成本						
税金及附加						
销售费用						
管理费用						
财务费用						
营业外支出						
所得税费用						
合　计						

总分类账户发生额及余额试算平衡表

年　　月　　日　　　　　　　　　　单位：元

会计科目	期初余额		本期发生额		期末余额	
库存现金						
银行存款						
应收票据						
应收账款						
预付账款						
其他应收款						
在途物资						
原材料						
库存商品						
固定资产						
累计折旧						
无形资产						
累计摊销						
生产成本						
制造费用						
待处理财产损溢						
短期借款						
应付票据						
应付账款						
预收账款						
应付职工薪酬						
应交税费						
应付利润						
应付股利						
其他应付款						
实收资本						
资本公积						
盈余公积						
本年利润						

续表

会计科目	期初余额		本期发生额		期末余额	
利润分配						
主营业务收入						
其他业务收入						
投资收益						
营业外收入						
主营业务成本						
其他业务成本						
税金及附加						
销售费用						
管理费用						
财务费用						
营业外支出						
所得税费用						
合　计						

（四）会计报表格式

资产负债表

会企01表

编制单位：　　　　　　　　　　　年　月　日　　　　　　　单位：　元

资　产	期末余额	年初余额	负债和所有者权益（或股东权益）	期末余额	年初余额
流动资产：			流动负债：		
货币资金			短期借款		
交易性金融资产			交易性金融负债		
应收票据			应付票据		
应收账款			应付账款		
预付款项			预收款项		
应收利息			应付职工薪酬		
应收股利			应交税费		
其他应收款			应付利息		
存货			应付股利		
一年内到期的流动资产			其他应付款		
其他流动资产			一年内到期的流动负债		
流动资产合计			其他流动负债		
非流动资产：			流动负债合计		
可供出售金融资产			非流动负债：		
持有至到期投资			长期借款		
长期应收款			应付债券		
长期股权投资			长期应付款		
投资性房地产			专项应付款		
固定资产			预计负债		
在建工程			递延所得税负债		
工程物资			其他非流动负债		
固定资产清理			非流动负债合计		
生产性生物资产			负债合计		
油气资产			所有者权益(或股东权益)		
无形资产			实收资本（或股本）		
开发支出			资本公积		
商誉			减：库存股		
长期待摊费用			其他综合收益		
递延所得税资产			盈余公积		
其他非流动资产			未分配利润		
非流动资产合计			所有者权益合计		
资产总计			负债及所有者权益总计		

利 润 表

会企 02 表

编制单位： ____年__月 单位： 元

项 目	本期金额	上期金额
一、营业收入		
减：营业成本		
税金及附加		
销售费用		
管理费用		
财务费用		
资产减值损失		
加：公允价值变动收益（损失以“－”号填列）		
投资收益（损失以“－”号填列）		
其中：对联营企业和合营企业的投资收益		
二、营业利润（亏损以“－”号填列）		
加：营业外收入		
减：营业外支出		
其中：非流动资产处置损失		
三、利润总额（亏损总额以“－”号填列）		
减：所得税费用		
四、净利润（净亏损以“－”号填列）		
五、其他综合收益的税后净额		
（一）以后不能重分类进损益的其他综合收益		
（二）以后重分类进损益的其他综合收益		
权益法下在被投资单位以后将重分类进损益的其他综合收益中享有的份额		
六、其他综合收益		
七、每股收益		
（一）基本每股收益		
（二）稀释每股收益		

现 金 流 量 表

会企 03 表

编制单位：　　　　　　　　　　　＿＿＿年＿月　　　　　　　　　单位： 元

项目	本期金额	上期金额
一、经营活动产生的现金流量		
销售商品、提供劳务收到的现金		
收到的税费返还		
收到的其他与经营活动有关的现金		
经营活动现金流入小计		
购买商品、接受劳务支付的现金		
支付给职工以及为职工支付的现金		
支付的各项税费		
支付的其他与经营活动有关的现金		
经营活动现金流出小计		
经营活动产生的现金流量净额		
二、投资活动产生的现金流量		
收回投资收到的现金		
取得投资收益收到的现金		
处置固定资产、无形资产和其他长期资产收回的现金净额		
处置子公司及其他营业单位收到的现金净额		
收到的其他与投资活动有关的现金		
投资活动现金流入小计		
购建固定资产、无形资产和其他长期资产支付的现金		
投资支付的现金		
取得子公司及其他营业单位支付的现金净额		
支付的其他与投资活动有关的现金		
投资活动现金流出小计		
投资活动产生的现金流量净额		
三、筹资活动产生的现金流量		
吸收投资收到的现金		
取得借款收到的现金		
收到其他与筹资活动有关的现金		
筹资活动现金流入小计		
偿还债务支付的现金		
分配股利、利润或偿付利息支付的现金		
支付其他与筹资活动有关的现金		
筹资活动现金流出小计		
筹资活动产生的现金流量净额		
四、汇率变动对现金及现金等价物的影响		
五、现金及现金等价物净增加额		
加：期初现金及现金等价物余额		
六、期末现金及现金等价物余额		

续表

补充资料	本期金额	上期金额
1. 将净利润调节为经营活动现金流量：		
净利润		
加：资产减值准备		
固定资产折旧、油气资产折耗、生产性生物资产折旧		
无形资产摊销和长期待摊费用摊销		
处置固定资产、无形资产和其他长期资产的损失（收益以“－”号填列）		
固定资产报废损失（收益以“－”号填列）		
公允价值变动损失（收益以“－”号填列）		
财务费用（收益以“－”号填列）		
投资损失（收益以“－”号填列）		
递延所得税资产减少（增加以“－”号填列）		
递延所得税负债增加（减少以“－”号填列）		
存货的减少（增加以“－”号填列）		
经营性应收项目的减少（增加以“－”号填列）		
经营性应付项目的增加（减少以“－”号填列）		
其他		
经营活动产生的现金流量净额		
2. 不涉及现金收支的重大投资和筹资活动：		
债务转为资本		
一年内到期的可转换公司债券		
融资租入固定资产		
3. 现金及现金等价物净变动情况：		
现金的期末余额		
减：现金的期初余额		
加：现金等价物的期末余额		
减：现金等价物的期初余额		
现金及现金等价物净增加额		

四、会计实训的步骤

参加实训前，学生要复习《基础会计学》中有关会计核算方法的内容，尤其是复式记账、会计凭证、会计账簿、会计处理程序、会计报表等内容。实训步骤如下：

（一）建账

建账工作包括选用账簿格式、填写账簿经管人员一览表、开设账户、填写账簿启用日期、登记账户的期初余额等一系列工作。

（1）填写账簿经管人员一览表（订本式账簿均印有这些表格，活页式账簿可将这些表格填好后附在账簿扉页）。

（2）开设账户。在本实训中，应开设总分类账、现金日记账、银行存款日记账以及各种明细分类账。其具体内容及操作程序为：

1）按资产类、负债类、所有者权益类、损益类（即按前面“总分类账户发生额及余额试算平衡表”）各账户的顺序，分别填好账户的名称（包括一级科目、明细科目等）。

2）填写建账日期、摘要。因实训资料给的是12月，日期填写12月1日，摘要填写承前页。如果实训资料给的是1月的，则资产、负债、所有者权益类账簿日期填写1月1日，摘要填写上年结转。如果是损益类账簿，则直接记账。

3）登记期初余额。三栏式账簿要注明借贷方向、数量金额式账簿要填写数量、单价、金额等。

（二）日常经济业务的处理

日常经济业务是相对月末结账工作而言的，包括填制与审核原始凭证、编制记账凭证、编制科目汇总表、登记账簿等项工作。其具体内容和操作程序为：

（1）识别原始凭证。将原始凭证裁剪下来，进行识别。

（2）根据原始凭证填制记账凭证。根据裁剪下来的原始凭证，经过分析后，编制记账凭证，并将原始凭证用胶水粘在记账凭证后面（也可以用大头针或曲别针将记账凭证和原始凭证别在一起），并进行编号（如果是分组实训，月末由总账会计负责编号）。如果实训时记账凭证采用收款凭证、付款凭证、转账凭证，应按收款凭证、付款凭证、转账凭证分别编号。如果采用通用的记账凭证，则采用统一编号法。

（3）登记现金日记账和银行存款日记账、明细分类账。

1）根据已编制好的收款凭证和付款凭证（或记账凭证中涉及库存现金、银行存款增加/减少的凭证），逐笔登记现金日记账和银行存款日记账，并每天结出余额。

2）根据收款凭证、付款凭证、转账凭证（或记账凭证），逐笔登记各明细分类账，月末结出余额。

3）定期（可以是10天，也可以是15天）根据记账凭证编制科目汇总表，并据以登记总分类账。

（三）编制总分类账户发生额和余额试算平衡表，进行试算平衡

（四）对账

将现金日记账、银行存款日记账、各明细分类账分别与相应的总分类账的余额核对，损益类账户核对发生额。

（五）结账

当本月发生的经济业务全部处理完毕后，即当月发生的经济业务全部编制了记账凭证并全部登记入账后，并进行对账，在账账、账实相符后，需结算出各个账户的借、贷方本期发生额和期末余额（多栏式账簿必须结出发生额），并在本月最后一笔业务下面，画一条通栏红线，表明本月到此为止，在摘要栏注明本月合计，结出本月发生额。如果是多栏式账簿，还需在下一行摘要栏注明本月止累计，结出从1月到本月止的累计发生额并在本月止累计这一行下面画一条通栏红线。

如果是12月，在结账时，还要进行年结，在12月最后一笔业务下面，画一条通栏红线，表明本月到此为止，在摘要栏注明本月合计，结出12月的发生额和期末余额，在下一行摘要栏注明本年累计，结出1～12月的累计发生额，并在本年累计行下面画两条通栏红线，进行封账。

（六）编制会计报表

（1）编制资产负债表。

1）根据第四章总分类账户余额表给出的账户的年初余额（结合有关明细账的年初余额）填列“年初数”栏。

2）根据总分类账户发生额和余额试算表中的余额（或根据总分类账簿的余额）结合明细分类账直接计算、分析填写“期末数”栏。

（2）编制利润表。根据本月结转损益类账户的记账凭证的金额计算填列“本期数”栏。“同期数”栏省略。

（七）整理装订会计凭证

（八）实习交流和总结

五、实训组织

可以采用由 1 人完成所有的实训任务。也可以采用分组分角色定期轮岗，完成实训操作。一般 3 人一组，1 人负责制证；1 人负责登记现金日记账、银行存款日记账和各明细分类账，对账；1 人负责科目汇总表的编制、登记总分类账、编制总分类账户发生额和余额试算平衡表；结账、编制会计报表。并定期进行轮岗。

第三章 公司基本情况

一、基本情况

武汉欣达服装有限公司成立于2015年8月。主要生产女装，注册商标为“欣达”。该公司2015年末注册资本50万元，年均职工人数100人，资产总额100多万元，企业法定代表人李昌勇。欣达服装有限公司按照税法规定实行增值税，并经主管税务机关认定为增值税一般纳税人，增值税税率为17%。并按税法规定缴纳其他税费。其具体资料如下：

（1）单位名称：武汉欣达服装有限公司。

（2）注册地址：武汉市汉阳区莲花湖5号。

（3）单位财务电话：027－50669898。

（4）开户银行：交通银行汉阳支行。

（5）账户：421866138018010008066。

（6）税务登记号：420105888580636。

2016年12月，该公司生产两种女装，简称为A产品、B产品。型号有大码（L），中码（M）、小码（S）。

二、组织机构人员配备

公司机构人员配备（部分）如表3－1所示：

表 3－1　机构人员配备

姓名	部门	职务或岗位	备注
李昌勇	厂　办	总经理	
王梦莹	财务部	财务经理	
李　明	业务部	销售经理	
何　芬	财务部	会计	
杨　松	生产部	车间主任	
孙晓玥	财务部	出纳	
张　虹	采购部	材料库库管	
赵晓蕊	销售部	成品库库管	
彭　强	采购部	采购员	
严莉莉	采购部	采购员	
胡海阳	销售部	销售员	
符东风	销售部	销售员	
刘志高		仓库主管	成品库/材料库主管
胡　途	设计部	设计师	
李莫愁	厂办	主任	
常　江	厂办	文员	

三、其他资料说明

（1）该公司执行 2007 年 1 月 1 日实行的《企业会计准则》。

（2）该公司执行的会计、税收政策为 2016 年财政部、国家税务总局已颁布并施行的会计、税收政策。

（3）该公司的原材料、库存商品等存货采用实际成本计价，并按全月一次加权平均法计算出存货的成本。

（4）固定资产按直线法计提折旧，折旧年限符合税法的规定，即厂房按 20 年折旧，缝纫机等设备按 10 年折旧，预计的净残值率为 5%；轿车按 4 年折旧，预计的净残值率为 5%；空调按 5 年折旧，预计的净残值率为 3%；电脑按 3 年折旧，预计的净残值率为 3%。

（5）本公司为职工提供免费工作午餐，标准为每人每餐 15 元，月初预借，

月底凭考勤记录结算。

（6）本公司为外来务工者免费提供住宿。

（7）本公司所购面料、里料全部委托中峰物流有限公司运输，运输发票随材料送达，运费由本公司承担，按规定计入材料采购成本，费用每月结算一次。

（8）其他材料（如纽扣、拉链、缝衣线等）由销货方包邮。

（9）购进材料等取得的增值税专用发票抵扣联，可以单独存放，月末装订存查；也可以作为原始凭证附在记账凭证后面（因现在增值税专用发票抵扣联可以不进行认证）。建议抵扣联单独装订存放，加具封面并汇总当期的进项税额，并和“应交税费——应交增值税明细账中的进项税额发生额”进行核对。

（10）对于现金支出，需有经办人签字，主管领导签字才予以报销。签字的方式是将原始单据粘贴在零星费用报销单上，由经办人签字，并注明原始凭证张数，金额。领导在零星费用报销单上签字。

（11）该公司采用科目汇总表核算形式。

（12）该公司销售发票限额为十万元版（即发票金额最高为 999999. 99 元，价税合计最高为 1169999. 99 元）。

（13）按税法规定，缴纳各项税费，纳税期限为 1 个月。

增值税。该公司属于一般纳税人，税率为 17%；

城市维护建设税，按应交增值税的 7% 计算缴纳；

教育费附加，按应交增值税的 3% 计算缴纳；

地方教育费附加，按应交增值税的 2% 计算缴纳；

企业所得税，实行按季预交，全年汇算清缴，税率为 25%。

（注：该公司增值税、企业所得税在国家税务局缴纳；其他税费在地方税务局缴纳。）

另外，每月的五险（养老保险、失业保险、医疗保险、生育保险、工伤保险）在地方税务局申报缴纳，由地方税务局代社保局征收。

（14）平时领料时，会计部门不做账务处理，月末，凭仓库的发料汇总表及领料单，会计部门编制领料的记账凭证。

（15）采用“账结法”编制利润表。

第四章　基础会计学实训资料

第一节　基础会计学实训期初资料

武汉欣达服装有限公司2016年1月1日、11月30日等的有关资料如下。

总分类账户余额表

2015年12月31日　　　　单位：元

账户名称	借方	贷方
库存现金	410.00	
银行存款	87，284.03	
应收账款	160，044.80	
预付账款	22，641.92	
原材料	69，061.17	
周转材料	400.00	
库存商品	23，297.04	
固定资产	626，200.00	
累计折旧		2，154.18
应付账款		313，190.00
应付职工薪酬		1，378.00
应交税费		10，767.38
其他应付款		120，000.00
实收资本		500，000.00
本年利润		0.00
利润分配		41，849.40
合计	989，338.96	989，338.96

总分类账户余额表

2016 年 11 月 30 日　　　　单位：元

账户名称	借方	贷方
库存现金	369.00	
银行存款	937，942.00	
应收票据	200，000.00	
应收账款	500，000.00	
预付账款	8，000.00	
原材料	77，406.72	
周转材料	300.00	
库存商品	679，683.00	
固定资产	626，200.00	
生产成本	32，440.00	
累计折旧		113，121.52
短期借款		500，000.00
应付票据		0.00
应付账款		130，900.00
预收账款		0.00
应付职工薪酬		545，614.90
应交税费		176，767.46
其他应付款	20，000.00	
实收资本		500，000.00
本年利润		1，074，087.44
利润分配		41，849.40
合计	3，082，340.72	3，082，340.72

明细分类账户余额表

2016 年 11 月 30 日　　　　单位：元

账户名称	借方	贷方
库存现金	369.00	
银行存款	937，942.00	
交通银行（8066）	612，448.21	
建设银行（1402）	325，493.79	
应收票据	200，000.00	
阳光商贸有限公司	200，000.00	
应收账款	500，000.00	
上海吉隆商贸有限公司	200，000.00	
阳光商贸有限公司	300，000.00	
预付账款	8，000.00	
安彩纺织有限公司	8，000.00	
其他应收款		
李明		
常江		
累计折旧		113，121.52
短期借款		500，000.00
应付票据		
西山纺织有限公司		
应付账款		130，900.00
长隆纺织有限公司		48，000.00
西山纺织有限公司		82，900.00
预收账款		
湘湘商贸有限公司		
应付职工薪酬		545，614.90
工资		526，814.90
养老保险		0.00
失业保险		0.00
医疗保险		0.00
生育保险		0.00

续表

账户名称	借方	贷方
工伤保险		0.00
住房公积金		17，600.00
工会经费		1，200.00
应交税费		176，767.46
应交企业所得税		69，307.82
应交城市维护建设税		6，709.58
应交教育费附加		2，875.54
应交地方教育费附加		1，917.02
未交增值税		95，851.20
应交个人所得税		106.30
其他应付款		
房租摊销	20，000.00	
中峰物流		
实收资本		500，000.00
武汉恒达商贸有限公司		400，000.00
胡欣		100，000.00
本年利润		1，074，087.44
利润分配		41，849.40
未分配利润		41，849.40

注：2016 年 9 月 30 日“本年利润”的期末余额为 716，561.03 元。

原材料明细表

2016 年 11 月 30 日　　　　单位：元

材料名称	数量	计量单位	单价	金额
面料				
——甲面料	1500	米	27.95	41，925.00
——乙面料	300	米	29.06	8，718.00
——A 面料	48	米	28.68	1，376.64
——B 面料	36	米	38.88	1，399.68

续表

材料名称	数量	计量单位	单价	金额
——C 面料	27	米	48.20	1，301.40
里料	1200	米	10.00	12，000.00
辅料				
——拉链	400	根	1.00	400.00
——纽扣	200	个	0.23	46.00
——缝衣线	30	筒	8.00	240.00
——标签	20000	个	0.20	4，000.00
——吊牌	20000	套	0.30	6，000.00
合　　计				77，406.72

周转材料明细表

2016 年 11 月 30 日　　　　单位：元

材料名称	数量	计量单位	单位成本	总成本
包装物				
——包装纸箱	5	个	20.00	100.00
——包装袋	400	个	0.50	200.00
合计				300.00

库存商品明细表

2016 年 11 月 30 日　　　　单位：元

商品名称	数量	计量单位	单位成本	总成本
C 产品	1200	件	228.78	274，536.00
D 产品	1200	件	248.35	298，020.00
E 产品	300	件	188.47	56，541.00
F 产品	300	件	168.62	50，586.00
合计	2400			679，683.00

生产成本期初余额明细表

单位：元

产品名称	数量（件）	成 本 项 目 （元）			
		直接材料	直接人工	制造费用	合 计
A 产品	80	6，300.00	3，780.00	2，520.00	12，600.00
B 产品	120	9，920.00	5，952.00	3，968.00	19，840.00
合 计		16，220.00	9，732.00	6，488.00	32，440.00

固定资产明细表

2016 年 11 月 30 日

单位：元

	数量	计量单位	单位成本	总成本
固定资产：				
车间使用：				
缝纫机	50	台	2，800.00	140，000.00
锁边机	2	台	7，300.00	14，600.00
扣眼机	2	台	8，800.00	17，600.00
钉扣机	2	台	2，100.00	4，200.00
整套服装烫台设备	3	台	2，600.00	7，800.00
电热蒸汽熨斗	3	台	1，800.00	5，400.00
空调	4	个	6，500.00	26，000.00
小计				215，600.00
管理部门使用：				
轿车	1	辆	386，000.00	386，000.00
电脑	2	个	6，000.00	12，000.00
空调	4	个	3，150.00	12，600.00
小计				410，600.00
合计				626，200.00

2016 年 1 ~ 11 月损益类账户发生额如下所示。

损益类账户发生额对照表

2016 年 1 ~ 11 月　　　　单位：元

科目名称	借方累计	贷方累计
主营业务收入		15，644，800.00
其他业务收入		3，200.00
主营业务成本	11，939，091.92	
其他业务成本	2，828.00	
税金及附加	70，329.79	
销售费用	858，629.00	
管理费用	1，330，766.20	
财务费用	14，238.50	
营业外支出		
所得税费用	358，029.15	
合计	14，573，912.56	15，648，000.00

第二节　业务描述

武汉欣达服装有限公司 2016 年 12 月发生下列经济业务：

（1）12 月 1 日，食堂借生活费。

（2）12 月 1 日，收阳光商贸有限公司前欠货款。

（3）12 月 1 日，购办公用品。

（4）12 月 1 日，提现备用。

（5）12 月 1 日，支付前欠长隆纺织有限公司货款和西山纺织有限公司货款。

（6）12 月 2 日，购买纽扣等，材料已验收入库，货款用银行存款支付。供货方包送货费用。

（7）12 月 2 日，预付安彩纺织有限公司货款。

（8）12月2日，付大华公寓12月租金。

（9）12月2日，购制衣模板。

（10）12月5日，购包装袋等。

（11）12月5日，付电话费。

（12）12月7日，接受投资者投资。

（13）12月9日，从长隆纺织有限公司购买材料（面料），材料已验收入库，货款未付。运杂费暂欠。

（14）12月9日，从西山纺织有限公司购买材料（面料），材料未到。

（15）12月9日，付广告费。

（16）12月9日，补缴第三季度企业所得税。

（17）12月9日，售商品，收到货款50万元，余款暂欠。

（18）12月9日，从安彩纺织有限公司购买材料（里料），材料已验收入库，货款已预付。运杂费暂欠。

（19）12月12日，材料验收入库，运杂费暂欠。（参见14题）

（20）12月12日，发放工资。

（21）12月14日，向交通银行贷款50万元，期限1年。

（22）12月14日，缴纳增值税。

（23）12月14日，缴纳城建税、缴纳教育费附加、缴纳地方教育费附加。

（24）12月14日，缴纳个人所得税。

（25）12月14日，缴纳社会保险费。

（26）12月15日，李明借差旅费。

（27）12月15日，售商品，款未收。

（28）12月15日，从长隆纺织有限公司购买材料（面料），材料尚未，货款未付。

（29）12月15日，收罚款。

（30）12月16日，预收湘湘商贸有限公司货款。

（31）12月16日，材料验收入库，运杂费暂欠。（参见28题）

（32）12月19日，从西山纺织有限公司购买材料（面料），材料已验收入库，货款未付。运杂费暂欠。

（33）12月21日，付贷款利息。

（34）12月21日，收存款利息。

（35）12 月 23 日，报培训费。

（36）12 月 23 日，售原材料，款收存银行。

（37）12 月 23 日，报销差旅费。

（38）12 月 23 日，摊销房租。

（39）12 月 23 日，收回货款。

（40）12 月 23 日，签发银行承兑汇票，支付给西山纺织有限公司。

（41）12 月 23 日，支付签发银行承兑汇票的手续费。

（42）12 月 23 日，报销招待费。

（43）12 月 23 日，购买固定资产，货款用银行存款支付。

（44）12 月 23 日，支付运费。

（45）12 月 23 日，收回货款。

（46）12 月 26 日，支付货款。

（47）12 月 26 日，售商品。

（48）12 月 26 日，提现备用。

（49）12 月 26 日，缴纳住房公积金。

（50）12 月 26 日，报销工会活动费。

（51）12 月 26 日，购车险及车船使用税。

（52）12 月 26 日，预付下年度房租。

（53）12 月 28 日，售商品，余款收存银行。

（54）12 月 28 日，订 2017 年报纸杂志。

（55）12 月 28 日，售商品，款未收。

（56）12 月 28 日，售商品，款未收。

（57）12 月 28 日，收货款。

（58）12 月 28 日，收到阳光商贸有限公司交来的银行承兑汇票一张。

（59）12 月 26 日，付手续费。

（60）12 月 28 日，付水费。

（61）12 月 28 日，付电费。

（62）12 月 29 日，报销差旅费，余款收回。

（63）12 月 29 日，对外捐款。

（64）12 月 30 日，购劳保用品。

（65）12 月 30 日，购消防器材。

（66）12 月 30 日，报汽车费用。.

（67）12 月 30 日，报销招待费。

（68）12 月 30 日，食堂报销 12 月的生活费，余款收回。

（69）12 月 30 日，计提折旧。

（70）12 月 30 日，分配工资。

（71）12 月 30 日，计提工会经费。

（72）12 月 30 日，计算企业负担的社会保险费。

（73）12 月 30 日，计算企业负担的住房公积金。

（74）12 月 30 日，售 C 产品、D 产品给单位员工，收到员工交来的现金货款。

（75）12 月 30 日，将现金货款存入银行。

（76）12 月 31 日，生产领用材料。

（77）12 月 31 日，销售领用包装袋等。

（78）12 月 31 日，分配制造费用，按 A 产品、B 产品生产工人的工资比例分配。

（79）12 月 31 日，结转完工入库产品成本（A 产品全部完工；B 产品部分完工，尚有 80 件在产品）。

（80）12 月 31 日，盘点存货。

（81）12 月 31 日，转出未交增值税。

（82）12 月 31 日，计算应缴的城建税、教育费附加、地方教育费附加。

（83）12 月 31 日，购商业财险。

（84）12 月 31 日，结转销售商品成本。

（85）12 月 31 日，结转销售材料成本。

（86）12 月 31 日，报批处理盘亏的存货。

（87）12 月 31 日，结转损益类（收入）账户。

（88）12 月 31 日，结转损益类（费用）账户。

（89）12 月 31 日，计算第四季度应缴的企业所得税

（90）12 月 31 日，结转所得税费用。

（91）12 月 31 日，结转本年利润。

（92）12 月 31 日，分配利润。

（93）12 月 31 日，结转利润分配明细科目。

第三节　实训用的原始凭证

（本章原始凭证可供剪切、粘贴）

$1\frac{1}{2}$

借　　据

2016年 12 月 1 日

借款单位:厂办		
借款理由：12月份的生活费		
借款数额：人民币(大写) 伍万元整　¥50000.00		
本单位负责人意见：同意借支　借款人(签章)：常江		
领导批示 李勇昌印	会计主管人员核批	付款记录

王梦莹

$1\frac{2}{2}$

交通银行
现金支票存根
30104210

深圳阳光印刷有限公司·2015年印制

00132489

附加信息

出票日期2016年12月1日

收款人：	武汉欣达服装有限公司
金　额：	¥50000.00
用　途：	生活费

单位主管：　　会计：

$2\frac{1}{1}$

交通银行 BANK OF COMMUNICATIONS　进账单　(收账通知)　3

2016 年 12 月 01 日

出票人	全　称	阳光商贸有限公司	收款人	全　称	武汉欣达服装有限公司
	账　号	32002001909000097240		账　号	421866138018010008066
	开户银行	工行丹水池支行		开户银行	交通银行汉阳支行
金额	人民币（大写）	叁拾万元整			
票据种类	转账支票	票据张数	1		
票据号码					
	复核　记账			收款人开户银行签章	

亿	千	百	十	万	千	百	十	元	角	分
		¥	3	0	0	0	0	0	0	0

交通银行汉阳支行 2016.12.01 转讫

此联是收款人开户银行交给收款人的收账通知

$3\frac{1}{3}$

武汉欣达服饰有限公司零星费用报销单

部门:　　填报日期: 2016 年 12 月 1 日

费用项目	单据张数	金　额
办公费	1	360.00
小　计		360.00
金额合计(大写)　拾　万⊗仟叁佰陆拾零元零角零分		

现金付讫

财务主管: 王梦莹　部门负责人: 李莫愁　经办人: 常　江

$3\frac{2}{3}$

湖北增值税普通发票

发票联

42011362042　　　　№ 01123678

开票日期：2016 年 12 月 01 日

购买方	名　　称：武汉欣达服装有限公司 纳税人识别号：420105888580636 地 址、电 话：武汉市汉阳区莲花湖 5 号 027-50669898 开户行及帐号：交通银行汉阳支行 421866138018010008066				密码区	（省略）	
货物或应税劳务、服务名称	规格型号	单位	数 量	单 价	金 额	税率	税 额
打印纸		包	10	30.7692308	307.69	17%	52.31
合　　计					307.69		52.31
价税合计（大写）	⊗叁佰陆拾圆整				（小写）￥360.00		
销售方	名　　称：汉阳小莲花文具店 纳税人识别号：420105867654326 地 址、电 话：武汉市汉阳区莲花湖　027-50489898 开户行及帐号：交行汉阳分行 421866138018010138898				备注	汉阳小莲花文具店 420105867654326 发票专用章	

收款人：　　复核：王海　　开票人：钱多多　　销售方：（章）

第二联 发票联 购买方记账凭证

$3\frac{3}{3}$

办公用品领用表

2016 年 12 月 1 日　　　　金额：元

领用部门	数量	金额	领用人签字
车　间	2	72.00	杨松
厂部管理部门	8	288.00	常江
合计	10	360	

复核：王梦莹　　制单：常 江

4 $\frac{1}{1}$

交通银行
现金支票存根
30104210

00132490

深圳阳光印刷有限公司·2015年印制

附加信息

出票日期 2016 年 12 月 1 日

收款人：	武汉欣达服装有限公司
金　额：	¥3000.00
用　途：	备用金

单位主管：　　会计：

5 $\frac{1}{2}$

中国建设银行 China Construction Bank **电汇凭证（回单）** 1

☑普通 ☐加急　　委托日期 2016 年 12 月 1 日

汇款人	全　称	武汉欣达服装有限公司	收款人	全　称	长隆纺织有限公司
	账　号	42001218039053001402		账　号	42001218039053004666
	汇出地点	湖北省武汉市		汇入地点	浙江省绍兴市
汇出行名称		建设银行汉阳支行	汇入行名称		建行滨海分理处

金额	人民币（大写）	亿	千	百	十	万	千	百	十	元	角	分
	肆万捌仟元整				¥	4	8	0	0	0	0	0

建设银行汉阳支行 2016.12.01 转讫 汇出行签章	支付密码
	附加信息及用途：购货款
	复核：　　记账：

此联汇出行给汇款人的回单

$5\frac{2}{2}$

中国建设银行 China Construction Bank **电汇凭证（回单）** 1

☑普通 ☐加急　　　　委托日期 2016 年 12 月 1 日

汇款人	全　称	武汉欣达服装有限公司	收款人	全　称	西山纺织有限公司
	账　号	420012180390530001402		账　号	481001080001088
	汇出地点	湖北省武汉市		汇入地点	浙江省绍兴市
汇出行名称		建设银行汉阳支行	汇入行名称		农行滨海分理处

金额	人民币（大写）	捌万贰仟玖佰元整	亿	千	百	十	万	千	百	十	元	角	分
						¥	8	2	9	0	0	0	0

建设银行汉阳支行 2016.12.01 转讫 汇出行签章	支付密码	
	附加信息及用途：购货款 复核：　　　记账：	

此联汇出行给汇款人的回单

$6\frac{1}{4}$

310211140　　**浙江增值税专用发票**　　№ 03164802

开票日期：2016 年 11 月 25 日

购买方	名　称：武汉欣达服装有限公司 纳税人识别号：420105888580636 地址、电话：武汉市汉阳区莲花湖 5 号 027-50669898 开户行及帐号：交通银行汉阳支行 421866138018010008066			密码区	（省略）		
货物或应税劳务、服务名称	规格型号	单位	数量	单价	金额	税率	税额
纽扣		颗	15000.00	0.23	3450.00	17%	586.50
缝衣线		筒	840.00	8.00	6720.00	17%	1142.40
拉链		根	2000.00	1.00	2000.00	17%	340.00
合计					12170.00		2068.90
价税合计（大写）	⊗壹万肆仟贰佰叁拾捌圆玖角整				（小写）14238.90		
销售方	名　称：美搭服饰辅料商贸公司 纳税人识别号：314800687203209 地址、电话：嘉兴市经济开发区 166 号 0573-46485869 开户行及帐号：农行嘉兴支行 481001194002159			备注	美搭服饰辅料商贸公司 314800687203209 发票专用章		

收款人：　　　复核：欧阳小贝　　　开票人：唐果　　　销售方：（章）

第二联：抵扣联 购买方扣税凭证

$6\frac{2}{4}$

浙江增值税专用发票　№ 03164802

310211140

开票日期：2016 年 11 月 25 日

发票联

购买方	名　　称：武汉欣达服装有限公司 纳税人识别号：420105888580636 地 址、电 话：武汉市汉阳区莲花湖 5 号 027-50669898 开户行及帐号：交通银行汉阳支行 421866138018010008066			密码区	（省略）		
货物或应税劳务、服务名称	规格型号	单位	数 量	单 价	金 额	税率	税 额
纽 扣		颗	15000.00	0.23	3450.00	17%	586.50
缝衣线		筒	840.00	8.00	6720.00	17%	1142.40
拉 链		根	2000.00	1.00	2000.00	17%	340.00
合　　计					12170.00		2068.90
价税合计（大写）	⊗壹万肆仟贰佰叁拾捌圆玖角整			（小写）14238.90			
销售方	名　　称：美搭服饰辅料商贸公司 纳税人识别号：314800687203209 地 址、电 话：嘉兴市经济开发区 166 号 0573-46485869 开户行及帐号：农行嘉兴支行 481001194002159			备注	美搭服饰辅料商贸公司 314800687203209 发票专用章		

收款人：　　复核：欧阳小贝　　开票人：唐果　　销售方：（章）

第三联：发票联　购买方记账凭证

$6\frac{3}{4}$

武汉欣达服装有限公司　材料入库单

编号：0741

供应单位：美搭服饰辅料有限公司　　2016 年 12 月 2 日　　仓库：原材库

材料名称	规格	计量单位	数量		实际成本					
			应收	实收	买价		运杂费	其它	合计	单位成本
					单价	金额				
纽扣		颗		15000	0.23	3450.00			3450.00	0.23
缝衣线		筒		840	8.00	6720.00			6720.00	8.00
拉链		根		2000	1.00	2000.00			2000.00	1.00
合计						12170.00			12170.00	

第三联　财务记账联

记账：　　采购员：严莉莉　　保管员：张虹

6 $\frac{4}{4}$

中国建设银行 China Construction Bank **电汇凭证（回单）** 1

√普通 □加急 委托日期 2016 年 12 月 2 日

汇款人	全称	武汉欣达服装有限公司	收款人	全称	美搭服饰辅料商贸公司
	账号	42001218039053001402		账号	481001194002159
	汇出地点	湖北省武汉市		汇入地点	浙江省嘉兴市
汇出行名称		建设银行汉阳支行	汇入行名称		农行嘉兴支行

金额	人民币（大写）	亿	千	百	十	万	千	百	十	元	角	分
壹万肆仟贰佰叁拾捌元玖角整					¥	1	4	2	3	8	9	0

汇出行签章	支付密码
	附加信息及用途：购货款。 复核： 记账：

建设银行汉阳支行 2016.12.2 转讫

此联是汇出行或汇款人的回单

7 $\frac{1}{1}$

中国建设银行 China Construction Bank **电汇凭证（回单）** 1

√普通 □加急 委托日期 2016 年 12 月 02 日

汇款人	全称	武汉欣达服装有限公司	收款人	全称	安彩纺织有限公司
	账号	42001218039053001402		账号	4200121803631800189
	汇出地点	湖北省武汉市		汇入地点	浙江省绍兴市
汇出行名称		建设银行汉阳支行	汇入行名称		建行滨海分理处

金额	人民币（大写）	亿	千	百	十	万	千	百	十	元	角	分
伍万贰仟元整					¥	5	2	0	0	0	0	0

汇出行签章	支付密码
	附加信息及用途：预付购货款。 复核： 记账：

建设银行汉阳支行 2016.12.02 转讫

此联汇出行给汇款人的回单

$8\frac{1}{2}$

42011362042　　湖北增值税普通发票　　№ 02326783

发票联

开票日期：2016 年 12 月 02 日

购买方	名　　称：武汉欣达服装有限公司 纳税人识别号：420105888580636 地 址、电 话：武汉市汉阳区莲花湖 5 号 027-50669898 开户行及帐号：交通银行汉阳支行 421866138018010008066			密码区	（省略）		
货物或应税劳务、服务名称	规格型号	单位	数 量	单 价	金 额	税率	税 额
房屋租赁费			1.00	6095.2380952	6095.24	5%	304.76
合　　计					6095.24		304.76
价税合计（大写）	⊗陆仟肆佰圆整				（小写）￥6400.00		
销售方	名　　称：大华公寓管理有限公司 纳税人识别号：420101467345214 地 址、电 话：武汉市汉阳区琴台路 11 号 027-84663321 开户行及帐号：招商银行汉阳区分行 32790554326787876			备注			

收款人 ：　　复核：陈清　　开票人：苏可　　销售方：（章）

第二联　发票联　购买方记账凭证

$8\frac{2}{2}$

交通银行
转账支票存根
30104215

00143960

深圳阳光印制有限公司·2015年印制

附加信息

出票日期 2016 年 12 月 2 日

收款人：	大华公寓管理有限公司
金　额：	￥6400.00
用　途：	职工宿舍租赁费

单位主管：　　会计：

9 1/4

武汉欣达服装有限公司零星费用报销单

部门：车间　　填报日期：2016年12月2日

费用项目	单据张数	金额
制衣模板	2	390.00
小计		390.00
金额合计(大写) ⊗叁佰玖拾元整		

现金付讫

财务主管：王梦莹　　部门负责人：李莫愁　　经办人：严莉莉

9 2/4

42011362042　　湖北增值税普通发票　　№ 02323777

发票联

开票日期：2016年12月02日

购买方	名称：武汉欣达服装有限公司 纳税人识别号：420105888580636 地址、电话：武汉市汉阳区莲花湖5号 027-50669898 开户行及帐号：交通银行汉阳支行 421866138018010008066			密码区	（省略）		
货物或应税劳务、服务名称	规格型号	单位	数量	单价	金额	税率	税额
制衣模板		张	6.00	63.1067961	378.64	3%	11.36
合计					378.64		11.36
价税合计（大写）	⊗叁佰玖拾圆整				（小写）￥390.00		
销售方	名称：汉桦服装模板制造有限公司 纳税人识别号：420102641968311 地址、电话：武汉市江汉区新华路 027-82615858 开户行及帐号：招商银行江汉分行 127905547510101			备注			

第二联 发票联 购买方记账凭证

收款人：　　复核：王海　　开票人：李艾　　销售方：（章）

$9\frac{3}{4}$

武汉欣达服装有限公司材料入库单

编号：0742

供应单位：汉桦服装模板制造有限公司　　2016年12月2日　　仓库：原材库

材料名称	规格	计量单位	数量		实际成本						
			应收	实收	买价		运杂费	其它	合计	单位成本
					单价	金额				
制衣模板		张		6	65.00	390.00			390.00	65
合 计						390.00			390.00	

第三联　财务记账联

记账：　　采购员：严莉莉　　保管员：张虹

$9\frac{4}{4}$

武汉欣达服装有限公司领料单

领用部门：生产车间

用途：生产车间一般耗材　　2016年12月2日　　编号：068359

编号	材料名称	规格	计量单位	数量		金额	
				请领	实发	单价	总额
	制衣模板		张	6	6	65.00	390.00
	合 计						390.00

第二联　财务记账联

发料人：　　记账：　　领料部门负责人：杨松　　领料人：胡 逵

$10\frac{1}{3}$

湖北增值税普通发票

42011362042　　　　№　02323777

发票联

开票日期：2016 年 12 月 5 日

购买方	名　　称：武汉欣达服装有限公司 纳税人识别号：420105888580636 地 址、电 话：武汉市汉阳区莲花湖 5 号 027-50669898 开户行及帐号：交通银行汉阳支行 421866138018010008066			密码区	（省略）		
货物或应税劳务、服务名称	规格型号	单位	数量	单价	金额	税率	税额
包装箱		个	100.00	19.4174757	1941.75	3%	58.25
包装袋		个	3800.00	0.48543689	1844.66	3%	55.34
合　计					3786.41		113.59
价税合计（大写）	⊗叁仟玖佰圆整				（小写）3900.00		
销售方	名　　称：汉晟包装材料有限公司 纳税人识别号：420102587369681 地 址、电 话：武汉市江汉区新华路 027-82616898 开户行及帐号：招商银行江汉分行 127905589510101			备注			

第三联：发票联　购买方记账凭证

收款人：　　复核：赵不悔　　开票人：高鑫　　销售方：（章）

（印章：汉晟包装材料有限公司 420102587369681 发票专用章）

$10\frac{2}{3}$

武汉欣达服装有限公司材料入库单

编号：0743

供应单位：汉晟包装材料有限公司　　2016 年 12 月 5 日　　仓库：原材库

材料名称	规格	计量单位	数量		实际成本					
			应收	实收	买价		运杂费	其它	合计	单位成本
					单价	金额				
包装箱		个		100	20	2000.00			2000.00	20.00
包装袋		个		3800	0.50	1900.00			1900.00	0.50
合 计									3900.00	

第三联　财务记账联

记账：　　采购员：严莉莉　　保管员：张虹

$10\frac{3}{3}$

深圳阳光印制有限公司·2015年印制

交通银行
转账支票存根
30104215

00143961

附加信息

出票日期2016年12月05日

收款人：汉晟包装材料公司
金 额：￥3900.00
用 途：货款

单位主管： 会计：

$11\frac{1}{1}$

中国电信股份有限公司湖北分公司特约委托收款专用发票

收票代码：142011599026

发 票 联

发票号码：00036890

付款方	武汉欣达服装有限公司		收款方	全称	中国电信股份有限湖北分公司								
付款方账号	421866138018010008066			账号	421864028018170155666								
付款行全称	交通银行汉阳支行	行号 866188		开户银行	中国工商银行武昌分行								
金额	人民币（大写）叁佰贰拾捌元整				百	十	万	千	百	十	元	角	分
								￥	3	2	8	0	0
款项性质：201612	合同号码 100101852988		附寄单证张数										
业务号码：50669898													

固话月租费 70.00	市话费 66.40	根据协议上述款项已由付款单位账户付出。
国内长途费 133.00	IP标准国内费 27.60	付款人开户行盖章
增值使用费 30.00	手续费 1.00	12月05日
特 约		委收号码：
合计 328.00		委托日期： 2016年12月05日

第二联：发票

交通银行汉阳支行 2016.12.05 转讫

中国电信股份有限公司湖北分公司 420106761217499 发票专用章

全国统一发票监制章 湖北 国家税务局监制

$12\frac{1}{2}$

交通银行 BANK OF COMMUNICATIONS 进账单 (收账通知) 3

2016 年 12 月 07 日

出票人	全称	武汉恒达商贸有限公司	收款人	全称	武汉欣达服装有限公司
	账号	127905547510101		账号	42186613801801000 8066
	开户银行	招商银行硚口支行		开户银行	交通银行汉阳支行
金额	人民币(大写)	叁拾万零肆仟元整		亿 千 百 十 万 千 百 十 元 角 分	¥ 3 0 4 0 0 0 0 0
票据种类	转账支票	票据张数	1		
票据号码					
附加信息及用途:投资款	复核: 记账:			收款人开户银行签章	

交通银行汉阳支行 2016.12.07 转讫

此联是收款人开户银行交给收款人的收账通知

$12\frac{2}{2}$

交通银行 BANK OF COMMUNICATIONS 电汇凭证 (收账通知) 4

☑普通 ☐加急 委托日期 2016 年 12 月 07 日

汇款人	全称	胡欣	收款人	全称	武汉欣达服装有限公司
	账号	6222620610008899368		账号	42186613801801000 8066
	汇出地点	湖北省黄石市		汇入地点	湖北省武汉市
汇出行名称		交通银行黄石支行	汇入行名称		交通银行汉阳支行
金额	人民币(大写)	柒万陆仟元整		亿 千 百 十 万 千 百 十 元 角 分	¥ 7 6 0 0 0 0 0
汇出行签章		支付密码			
		附加信息及用途:投资款			
		复核: 记账:			

交通银行汉阳支行 2016.12.07 转讫

此联给收款人的收账通知

$13\frac{1}{5}$

浙江增值税专用发票

3102111140　　　　抵扣联　　　　№ 01230888

开票日期：2016 年 12 月 04 日

购买方	名　　称：武汉欣达服装有限公司 纳税人识别号：420105888580636 地 址、电 话：武汉市汉阳区莲花湖 5 号 027-50669898 开户行及帐号：交通银行汉阳支行　421866138018010008066			密码区	（省略）		
货物或应税劳务、服务名称	规格型号	单位	数 量	单 价	金 额	税率	税 额
甲面料		米	1800.00	27.3504274	49230.77	17%	8369.23
合　　计					49230.77		8369.23
价税合计（大写）	⊗伍万柒仟陆佰圆整				（小写）￥57600.00		
销售方	名　　称：长隆纺织有限公司 纳税人识别号：312800691860898 地 址、电 话：绍兴滨海工业园　　0575-56265088 开户行及帐号：建行滨海分理处　　4200121803905300466			备注			

收款人：　　　复核：孙晓梅　　　开票人：李文嘉　　　销售方：（章）

第二联　抵扣联　购买方扣税凭证

$13\frac{2}{5}$

浙江增值税专用发票

3102111140　　　　发票联　　　　№ 01230888

开票日期：2016 年 12 月 04 日

购买方	名　　称：武汉欣达服装有限公司 纳税人识别号：420105888580636 地 址、电 话：武汉市汉阳区莲花湖 5 号 027-50669898 开户行及帐号：交通银行汉阳支行　421866138018010008066			密码区	（省略）		
货物或应税劳务、服务名称	规格型号	单位	数 量	单 价	金 额	税率	税 额
甲面料		米	1800.00	27.3504274	49230.77	17%	8369.23
合　　计					49230.77		8369.23
价税合计（大写）	⊗伍万柒仟陆佰圆整				（小写）￥57600.00		
销售方	名　　称：长隆纺织有限公司 纳税人识别号：312800691860898 地 址、电 话：绍兴滨海工业园　　0575-56265088 开户行及帐号：建行滨海分理处　　4200121803905300466			备注			

收款人：　　　复核：孙晓梅　　　开票人：李文嘉　　　销售方：（章）

第三联　发票联　购买方记账凭证

13 $\frac{3}{5}$

4200112140　　湖北增值税专用发票　　№ 04218324

抵扣联

开票日期：2016 年 12 月 08 日

购买方	名　　称：武汉欣达服装有限公司 纳税人识别号：420105888580636 地 址、电 话：武汉市汉阳区莲花湖 5 号 027-50669898 开户行及帐号：交通银行汉阳支行 42186613801801000806			密码区	（省略）		
货物或应税劳务、服务名称	规格型号	单位	数 量	单 价	金 额	税率	税 额
运费		米	1800	0.6000000	1080.00	11%	118.80
合　　计					1080.00		118.80
价税合计（大写）	⊗壹仟壹佰玖拾捌圆捌角整				（小写）￥1198.80		
销售方	名　　称：中峰物流有限公司 纳税人识别号：420107666777828 地 址、电 话：武汉市青山区红卫路 027-68862496 开户行及帐号：建设银行红卫路支行 42001218039058003645			备注			

收款人：　　复核：李不悔　　开票人：张峰　　销售方：（章）

第二联 抵扣联 购买方扣税凭证

13 $\frac{4}{5}$

4200112140　　湖北增值税专用发票　　№ 04218324

发票联

开票日期：2016 年 12 月 08 日

购买方	名　　称：武汉欣达服装有限公司 纳税人识别号：420105888580636 地 址、电 话：武汉市汉阳区莲花湖 5 号 027-50669898 开户行及帐号：交通银行汉阳支行 42186613801801000806			密码区	（省略）		
货物或应税劳务、服务名称	规格型号	单位	数 量	单 价	金 额	税率	税 额
运费		米	1800	0.6000000	1080.00	11%	118.80
合　　计					1080.00		118.80
价税合计（大写）	⊗壹仟壹佰玖拾捌圆捌角整				（小写）￥1198.80		
销售方	名　　称：中峰物流有限公司 纳税人识别号：420107666777828 地 址、电 话：武汉市青山区红卫路 027-68862496 开户行及帐号：建设银行红卫路支行 42001218039058003645			备注			

收款人：　　复核：李不悔　　开票人：张峰　　销售方：（章）

第三联 发票联 购买方记账凭证

13 $\frac{5}{5}$

武汉欣达服装有限公司材料入库单

编号：0744

供应单位：长隆纺织有限公司　　　　2016 年 12 月 9 日　　　　仓库：原材库

材料名称	规格	计量单位	数量		实际成本					
			应收	实收	买价		运杂费	其它	合计	单位成本
					单价	金额				
甲面料		米		1800	27.35	49230.77	1080.00		50310.77	27.95
合 计				1800					50310.77	

第三联 财务记账联

记账：　　　　采购员：彭强　　　　保管员：张虹

14 $\frac{1}{2}$

3101111140　　　　浙江增值税专用发票　　　　№ 01230882

抵扣联

开票日期：2016 年 12 月 9 日

购买方	名　　称：武汉欣达服装有限公司 纳税人识别号：420105888580636 地 址、电 话：武汉市汉阳区莲花湖 5 号 027-50669898 开户行及帐号：交通银行汉阳支行　421866138018010008066			密码区	（省略）	
货物或应税劳务、服务名称	规格型号	单位	数 量	单 价	金 额	税率	税 额
乙面料		米	1800.00	28.4615385	51230.77	17%	8709.23
合　　计					51230.77		8709.23
价税合计（大写）	⊗伍万玖仟玖佰肆拾圆整				（小写）￥59940.00		
销售方	名　　称：西山纺织有限公司 纳税人识别号：316800669988688 地 址、电 话：绍兴滨海工业园　0575-56268099 开户行及帐号：农行滨海分理处　481001080001088			备注			

第二联 抵扣联 购买方扣税凭证

收款人：　　　　复核：韦筱彤　　　　开票人：徐曼　　　　销售方：（章）

西山纺织有限公司 316800669988688 发票专用章

14 $\frac{2}{2}$

3101111140 浙江增值税专用发票 № 01230882

发票联

开票日期：2016年12月9日

购买方	名　　称：武汉欣达服装有限公司 纳税人识别号：420105888580636 地 址、电 话：武汉市汉阳区莲花湖5号 027-50669898 开户行及帐号：交通银行汉阳支行 421866138018010008066			密码区	（省略）		
货物或应税劳务、服务名称	规格型号	单位	数 量	单 价	金 额	税率	税 额
乙面料		米	1800.00	28.4615385	51230.77	17%	8709.23
合　　计					51230.77		8709.23
价税合计（大写）	⊗伍万玖仟玖佰肆拾元整				（小写）￥59940.00		
销售方	名　　称：西山纺织有限公司 纳税人识别号：316800669988688 地 址、电 话：绍兴滨海工业园 0575-56268099 开户行及帐号：农行滨海分理处 481001080001088			备注			

收款人： 复核：韦筱彤 开票人：徐曼 销售方：（章）

第三联 发票联 购买方记账凭证

15 $\frac{1}{3}$

4201111140 湖北增值税专用发票 № 02480123

抵扣联

开票日期：2016年12月09日

购买方	名　　称：武汉欣达服装有限公司 纳税人识别号：420105888580636 地 址、电 话：武汉市汉阳区莲花湖5号 027-50669898 开户行及帐号：交通银行汉阳支行 421866138018010008066			密码区	（省略）		
货物或应税劳务、服务名称	规格型号	单位	数 量	单 价	金 额	税率	税 额
广告费			1	56603.77	56603.77	6%	3396.23
合　　计					56603.77		3396.23
价税合计（大写）	⊗陆万圆整				（小写）￥60000.00		
销售方	名　　称：武汉市科雅广告公司 纳税人识别号：420106721896308 地 址、电 话：武昌珞珈山路1号 027-87465789 开户行及帐号：交行珞珈山支行 421866138018010026841			备注			

收款人： 复核：罗琪 开票人：黄河 销售方：（章）

第二联 抵扣联 购买方扣税凭证

$15\frac{2}{3}$

4201111140　　**湖北增值税专用发票**　　№ 02480123

发票联

开票日期：2016 年 12 月 09 日

购买方	名　　称：武汉欣达服装有限公司 纳税人识别号：420105888580636 地 址、电 话：武汉市汉阳区莲花湖 5 号 027-50669898 开户行及帐号：交通银行汉阳支行 421866138018010008066			密码区	（省略）		
货物或应税劳务、服务名称	规格型号	单位	数 量	单 价	金 额	税率	税 额
广告费			1	56603.77	56603.77	6%	3396.23
合　计					56603.77		3396.23
价税合计（大写）	⊗陆万圆整				（小写）￥60000.00		
销售方	名　　称：武汉市科雅广告公司 纳税人识别号：420106721896308 地 址、电 话：武昌珞珈山路 1 号 027-87465789 开户行及帐号：交行珞珈山支行 421866138018010026841			备注			

收款人：　　复核：罗琪　　开票人：黄河　　销售方：（章）

第三联 发票联 购买方记账凭证

$15\frac{3}{3}$

深圳阳光印刷有限公司·2015年印制

交通银行

转账支票存根

30104215

00143962

附加信息

出票日期 2016 年 12 月 09 日

收款人：	武汉市科雅广告公司
金　额：	￥60000.00
用　途：	广告费

单位主管：　　会计：

$16\frac{1}{1}$

中华人民共和国 税收通用缴款书

(2016)国缴 1683 号

填发日期：2016 年 12 月 9 日　　征收机关：汉阳区局

纳税人	纳税编码	1351712868	预算科目	编 码	101010106
	单位名称	武汉欣达服装有限公司		名 称	企业所得税税款、滞纳金
	开户银行	交通银行		级 次	中央 60%　市 20%　区 20%
	账号	421866138018010008066	收款国库		汉阳支库
税款所属日期 2016 年 07 月 01 日 2016 年 09 月 30 日			税款限缴日期 2016 年 10 月 24 日		

品目名称	课税数量	应纳税所得额	税率	已缴或扣除额	实缴金额
企业所得税 税款滞纳金			25%		￥69307.82 ￥1594.08
金额合计	(大写)柒万零玖佰壹元玖角整				￥70901.90
缴款单位(人)(盖章)	税务机关(盖章) 填票人:		上列款项已收妥并划转收款单位账户 国库(银行)盖章 2016 年 12 月 9 日		备注:

$17\frac{1}{3}$

湖北增值税专用发票

4200112140　　№ 02083474

此联不作报销、扣税凭证使用　　开票日期：2016 年 12 月 09 日

购买方	名 称：武汉澳发商贸有限公司 纳税人识别号：420105996302951 地 址、电 话：武汉市汉阳区莲花湖 8 号 027-50669755 开户行及帐号：建设银行琴台支行 42001218039053001287				密码区	(省略)	
货物或应税劳务、服务名称	规格型号	单位	数量	单价	金额	税率	税额
C 产品		件	540	485.4700855	262153.85	17%	44566.15
D 产品		件	540	502.5641026	271384.62	17%	46135.38
合 计					533538.47		90701.53
价税合计（大写）	⊗陆拾贰万肆仟贰佰肆拾圆整				（小写）￥624240.00		
销售方	名 称：武汉欣达服装有限公司 纳税人识别号：420105888580636 地 址、电 话：武汉市汉阳区莲花湖 5 号 027-50669898 开户行及帐号：交通银行汉阳支行 421866138018010008066				备注		

收款人：　　复核：王梦莹　　开票人：何芬　　销售方：（章）

第一联 记账联 销售方记账凭证

$17\frac{2}{3}$

武汉欣达服装有限公司商品出库单

商品类别：＿＿＿＿＿＿　　　　编号：9080441

购货单位：武汉奥发　　　　2016 年 12 月 9 日　　　　仓库：

商品编号	商品名称	规格	计量单位	数量	单价	金额	备注
	C 产品		件	540			
	D 产品		件	540			
	合计			1080			

第二联　财务记账联

仓库主管：刘志高　　记账：　　出库：赵晓蕊　　制单：胡海阳

$17\frac{3}{3}$

中国建设银行 China Construction Bank　　进账单　（收账通知）　　3

2016 年 12 月 09 日

出票人	全　称	武汉奥发商贸有限公司	收款人	全　称	武汉欣达服装有限公司
出票人	账　号	42001218039053001287	收款人	账　号	42001218039053001402
出票人	开户银行	建设银行琴台支行	收款人	开户银行	建设银行汉阳支行
金额	人民币（大写）	⊗伍拾万元整			亿 千 百 十 万 千 百 十 元 角 分 ¥ 5 0 0 0 0 0 0
票据种类	转账支票	票据张数	1		
票据号码					
复核：　记账：				收款人开户银行签章	建设银行汉阳支行 2016.12.12 转讫

此联是收款人开户银行交给收款人的收账通知

18 $\frac{1}{5}$

3102111140　　浙江增值税专用发票　　№ 01234829

抵 扣 联

开票日期：2016 年 12 月 4 日

购买方	名　　称：武汉欣达服装有限公司 纳税人识别号：420105888580636 地 址、电 话：武汉市汉阳区莲花湖 5 号 027-50669898 开户行及帐号：交通银行汉阳支行 421866138018010008066			密码区	（省略）		
货物或应税劳务、服务名称	规格型号	单位	数 量	单 价	金 额	税率	税 额
里料		米	5000.00	10.2564103	51282.06	17%	8717.94
合　计					51282.06		8717.94
价税合计（大写）	⊗陆万圆整				（小写）60000.00		
销售方	名　　称：安彩纺织有限公司 纳税人识别号：31281006919221 地 址、电 话：绍兴滨海工业园 0575-56365959 开户行及帐号：建行滨海分理处 4200121803631800189			备注			

收款人：　　复核：吴昊阳　　开票人：王丹　　销售方：（章）

第二联：抵扣联　购买方扣税凭证

18 $\frac{2}{5}$

3102111140　　浙江增值税专用发票　　№ 01234829

发 票 联

开票日期：2016 年 12 月 4 日

购买方	名　　称：武汉欣达服装有限公司 纳税人识别号：420105888580636 地 址、电 话：武汉市汉阳区莲花湖 5 号 027-50669898 开户行及帐号：交通银行汉阳支行 421866138018010008066			密码区	（省略）		
货物或应税劳务、服务名称	规格型号	单位	数 量	单 价	金 额	税率	税 额
里料		米	5000.00	10.2564103	51282.06	17%	8717.94
合　计					51282.06		8717.94
价税合计（大写）	⊗陆万圆整				（小写）60000.00		
销售方	名　　称：安彩纺织有限公司 纳税人识别号：31281006919221 地 址、电 话：绍兴滨海工业园 0575-56365959 开户行及帐号：建行滨海分理处 4200121803631800189			备注			

收款人：　　复核：吴昊阳　　开票人：王丹　　销售方：（章）

第三联：发票联　购买方记账凭证

18 3/5

4200112140　　**湖北增值税专用发票**　　№ 04218678

抵扣联

开票日期：2016 年 12 月 09 日

购买方	名　　称：武汉欣达服装有限公司 纳税人识别号：420105888580636 地 址、电 话：武汉市汉阳区莲花湖 5 号 027-50669898 开户行及帐号：交通银行汉阳支行　42186613801801000806			密码区	（省略）		
货物或应税劳务、服务名称	规格型号	单位	数 量	单 价	金 额	税率	税 额
运费		米	5000	0.6000000	3000.00	11%	330.00
合　计					3000.00		330.00
价税合计（大写）	⊗叁仟叁佰叁拾圆整				（小写）￥3330.00		
销售方	名　　称：中峰物流有限公司 纳税人识别号：420107666777828 地 址、电 话：武汉市青山区红卫路　027-68862496 开户行及帐号：建设银行红卫路支行 42001218039058003645			备注			

收款人：　　复核：李不悔　　开票人：张峰　　销售方：（章）

第二联 抵扣联 购买方扣税凭证

18 4/5

4200112140　　**湖北增值税专用发票**　　№ 04218678

发票联

开票日期：2016 年 12 月 09 日

购买方	名　　称：武汉欣达服装有限公司 纳税人识别号：420105888580636 地 址、电 话：武汉市汉阳区莲花湖 5 号 027-50669898 开户行及帐号：交通银行汉阳支行　42186613801801000806			密码区	（省略）		
货物或应税劳务、服务名称	规格型号	单位	数 量	单 价	金 额	税率	税 额
运费		米	5000	0.6000000	3000.00	11%	330.00
合　计					3000.00		330.00
价税合计（大写）	⊗叁仟叁佰叁拾圆整				（小写）￥3330.00		
销售方	名　　称：中峰物流有限公司 纳税人识别号：420107666777828 地 址、电 话：武汉市青山区红卫路　027-68862496 开户行及帐号：建设银行红卫路支行 42001218039058003645			备注			

收款人：　　复核：李不悔　　开票人：张峰　　销售方：（章）

第三联 发票联 购买方记账凭证

$18\frac{5}{5}$

武汉欣达服装有限公司材料入库单

编号：0745

供应单位：安彩纺织有限公司　　2016 年 12 月 9 日　　仓库：原材库

材料名称	规格	计量单位	数量		实际成本					
			应收	实收	买价		运杂费	其它	合计	单位成本
					单价	金额				
里料		米		5000	10.256	51282.06	3000.00		54282.06	10.856
合 计									54282.06	

第三联 财务记账联

记账：　　采购员：彭强　　保管员：张虹

$19\frac{1}{3}$

4200112140　　湖北增值税专用发票　　№ 04218912

抵扣联

开票日期：2016 年 12 月 12 日

购买方	名称：武汉欣达服装有限公司 纳税人识别号：420105888580636 地址、电话：武汉市汉阳区莲花湖 5 号 027-50669898 开户行及帐号：交通银行汉阳支行 42186613801801000806	密码区	（省略）			
货物或应税劳务、服务名称	规格型号	单位	数量	单价	金额	税率	税额
运费		米	1800	0.6000000	1080.00	11%	118.80
合计					1080.00		118.80
价税合计（大写）	⊗壹仟壹佰玖拾捌圆捌角整			（小写）￥1198.80			
销售方	名称：中峰物流有限公司 纳税人识别号：420107666777828 地址、电话：武汉市青山区红卫路 027-68862496 开户行及帐号：建设银行红卫路支行 42001218039058003645	备注	中峰物流有限公司 420107666777828 发票专用章				

第二联 抵扣联 购买方扣税凭证

收款人：　　复核：李不悔　　开票人：张峰　　销售方：（章）

19 2/3

4200112140　　湖北增值税专用发票　　№ 04218912

发票联

开票日期：2016 年 12 月 12 日

购买方	名　称：武汉欣达服装有限公司 纳税人识别号：420105888580636 地 址、电 话：武汉市汉阳区莲花湖 5 号 027-50669898 开户行及帐号：交通银行汉阳支行 421866138018010008O6			密码区	（省略）		
货物或应税劳务、服务名称	规格型号	单位	数 量	单 价	金 额	税率	税 额
运费		米	1800	0.6000000	1080.00	11%	118.80
合　计					1080.00		118.80
价税合计（大写）	⊗壹仟壹佰玖拾捌圆捌角整				（小写）￥1198.80		
销售方	名　称：中峰物流有限公司 纳税人识别号：420107666777828 地 址、电 话：武汉市青山区红卫路 027-68862496 开户行及帐号：建设银行红卫路支行 42001218039058003645			备注			

收款人：　　复核：李不悔　　开票人：张峰　　销售方：（章）

第三联 发票联 购买方记账凭证

19 3/3

武汉欣达服装有限公司材料入库单

编号:0745

供应单位：西山纺织有限公司　　2016 年 12 月 12 日　　仓库：原材库

材料名称	规格	计量单位	数量		实际成本					
			应收	实收	买价		运杂费	其它	合计	单位成本
					单价	金额				
乙面料		米		1800	28.462	51230.77	1080.00		52310.77	29.06
合　计				1800					52310.77	

记账:　　采购员：彭 强　　保管员：张 虹

第三联 财务记账联

$20\frac{1}{2}$

深圳阳光印刷有限公司·2015年印制

交通银行
现金支票存根
30104210

00132491

附加信息

出票日期2016年12月12日

收款人：武汉欣达服装有限公司	
金　额：¥526814.90	
用　途：工资	

单位主管：　　会计：

$20\frac{2}{2}$

武汉欣达服装有限公司工资发放花名册

2016年11月

序号	姓名	实发金额	银行卡号	身份证号
001	王方	4523.10	6226345200109846021	4201071983021204024
002	李莉莉	5236.4	6226345200109846023	略
003	蔡桂花	5561.2	6226345200109846024	略
93	胡海阳	8512.6	6226345200109846123	略
94	张小花	3825.00	6226345200109846135	略
	合计	526814.9		

21 $\frac{1}{1}$

交通银行 借款凭证

2016 年 12 月 14 日

借款人	武汉欣达服装有限公司	贷款账号	866-8888	存款账号	421866138018010008066									
贷款金额	人民币（大写） 伍拾万元整			亿	千	百	十	万	千	百	十	元	角	分
						¥	5	0	0	0	0	0	0	0
用 途	周转使用	期 限	约定还款日期	2016 年 12 月 14 日										
		12 个月	贷款利率	5.60%/年	借款合同号 码	866-888								
上列贷款已转入借款人指定的账户。														
复核：	记账：													

交通银行汉阳支行 2016.12.14 转讫

第五联 收款人的收账通知

22 $\frac{1}{1}$

电子缴税付款凭证

转账日期: 2016 年 12 月 14 日

付款人全称: 武汉欣达服装有限公司			
纳税人全称: 武汉欣达服装有限公司			
付款人账号:421866138018010008066	征收机关:武汉市汉阳区国家税务局		
付款人开户银行:421061	收款国库(银行):国家金库武汉市汉阳区支库(代理)		
小写(合计)金额: 95,851.20	缴款书交易流水:2016121100319159		
大写(合计)金额:玖万伍仟捌佰伍拾壹元贰角整		税票号码:420012001351760608	
税种名称	所属日期起	所属日期止	税种金额
增值税	2016.11.01	2016.11.30	95,851.20

交通银行汉阳支行 2016.12.14 转讫

打印时间:2016-12-15 08:39:18

$23\frac{1}{1}$

电子缴税付款凭证

转账日期: 2016 年 12 月 14 日

付款人全称: 武汉欣达服装有限公司			
纳税人全称: 武汉欣达服装有限公司			
付款人账号:421866138018010008066	征收机关:武汉市汉阳区地方税务局		
付款人开户银行:421061	收款国库(银行):国家金库武汉市汉阳区支库(代理)		
小写(合计)金额: 6709.58	缴款书交易流水:2016121100516066		
大写(合计)金额:壹万壹仟伍佰零贰元壹角肆分		税票号码:SBBW5H0YLLZWP618FL	
税种名称	所属日期起	所属日期止	税种金额
城市维护建设税	2016.11.01	2016.11.30	6709.58
教育费附加	2016.11.01	2016.11.30	2875.54
地方教育费附加	2016.11.01	2016.11.30	1917.02
合 计			11502.14

打印时间:2016-12-15 08:39:18

交通银行汉阳支行
2016.12.14
转讫

$24\frac{1}{1}$

电子缴税付款凭证

转账日期: 2016 年 12 月 14 日

付款人全称: 武汉欣达服装有限公司			
纳税人全称: 武汉欣达服装有限公司			
付款人账号:421866138018010008066	征收机关:武汉市汉阳区地方税务局		
付款人开户银行:421061	收款国库(银行):国家金库武汉市汉阳区支库(代理)		
小写(合计)金额:106.30	缴款书交易流水:2016121100516050		
大写(合计)金额:壹佰零陆元叁角整		税票号码:SBBW5H0YLLZWP619FM	
税种名称	所属日期起	所属日期止	税种金额
个人所得税	2016.11.01	2016.11.30	106.30

打印时间:2016-12-15 08:39:23

交通银行汉阳支行
2016.12.14
转讫

$25\frac{1}{5}$

电子缴税付款凭证

转账日期: 2016 年 12 月 14 日

付款人全称: 武汉欣达服装有限公司			
纳税人全称: 武汉欣达服装有限公司			
付款人账号:421866138018010008066	征收机关:武汉市汉阳区地方税务局		
付款人开户银行:421061	收款国库(银行):国家金库武汉市汉阳区支库(代理)		
小写(合计)金额:7097.76	缴款书交易流水:2016121100510935		
大写(合计)金额: 柒仟零玖拾柒元柒角陆分		税票号码:SBBW5H0YLLZWP626CN	
税种名称	所属日期起	所属日期止	税种金额
养老保险	2016.12.01	2016.12.31	7097.76

交通银行汉阳支行 2016.12.14 转讫

打印时间:2016-12-15 08:39:23

$25\frac{2}{5}$

电子缴税付款凭证

转账日期: 2016 年 12 月 14 日

付款人全称: 武汉欣达服装有限公司			
纳税人全称: 武汉欣达服装有限公司			
付款人账号:421866138018010008066	征收机关:武汉市汉阳区地方税务局		
付款人开户银行:421061	收款国库(银行):国家金库武汉市汉阳区支库(代理)		
小写(合计)金额:225.92	缴款书交易流水:2016121100510936		
大写(合计)金额: 贰佰贰拾伍元玖角贰分		税票号码:SBBW5H0YLLZWP627CM	
税种名称	所属日期起	所属日期止	税种金额
失业保险	2016.12.01	2016.12.31	225.92

交通银行汉阳支行 2016.12.14 转讫

打印时间:2016-12-15 08:39:25

$25\frac{3}{5}$

电子缴税付款凭证

转账日期: 2016 年 12 月 14 日

付款人全称: 武汉欣达服装有限公司			
纳税人全称: 武汉欣达服装有限公司			
付款人账号:421866138018010008066	征收机关:武汉市汉阳区地方税务局		
付款人开户银行:421061	收款国库(银行):国家金库武汉市汉阳区支库(代理)		
小写(合计)金额: 2315.92	缴款书交易流水:2016121100510937		
大写(合计)金额: 贰仟叁佰壹拾伍元玖角贰分		税票号码:SBBW5H0YLLZWP628FW	
税种名称	所属日期起	所属日期止	税种金额
医疗保险	2016.12.01	2016.12.31	2315.92 交通银行汉阳支行 2016.12.14 转讫

打印时间:2016-12-15　08:39:25

$25\frac{4}{5}$

电子缴税付款凭证

转账日期: 2016 年 12 月 14 日

付款人全称: 武汉欣达服装有限公司			
纳税人全称: 武汉欣达服装有限公司			
付款人账号:421866138018010008066	征收机关:武汉市汉阳区地方税务局		
付款人开户银行:421061	收款国库(银行):国家金库武汉市汉阳区支库(代理)		
小写(合计)金额: 158.16	缴款书交易流水:2016121100510938		
大写(合计)金额: 壹佰伍拾捌元壹角陆分		税票号码:SBBW5H0YLLZWP629FT	
税种名称	所属日期起	所属日期止	税种金额
生育保险	2016.12.01	2016.12.31	158.16 交通银行汉阳支行 2016.12.14 转讫

打印时间:2016-12-15　08:39:26

$25\frac{5}{5}$

电子缴税付款凭证

转账日期: 2016 年 12 月 14 日

付款人全称: 武汉欣达服装有限公司			
纳税人全称: 武汉欣达服装有限公司			
付款人账号:421866138018010008066	征收机关:武汉市汉阳区地方税务局		
付款人开户银行:421061	收款国库(银行):国家金库武汉市汉阳区支库(代理)		
小写(合计)金额:108.48	缴款书交易流水:2016121100510939		
大写(合计)金额: 壹佰零捌元肆角捌分		税票号码:SBBW5H0YLLZWP630FX	
税种名称	所属日期起	所属日期止	税种金额
工伤保险	2016.12.01	2016.12.31	108.48

交通银行汉阳支行 2016.12.14 转讫

打印时间:2016-12-15　08:39:26

$26\frac{1}{2}$

借　　　　据

2016 年 12 月 15 日

借款单位:销售部李明		
借款理由: 参加服装展销会		
借款数额: 人民币(大写)贰仟捌佰元整　　¥2800.00		
本单位负责人意见: 同意借支　　借款人(签章):李明		
领导批示 李勇印昌	会计主管人员核批 王梦莹	付款记录

$26\frac{2}{2}$

交通银行
现金支票存根
30104210

深圳阳光印刷有限公司·2015年印制

00132492

附加信息

出票日期2016年12月15日

收款人：	武汉欣达服装有限公司
金　额：	￥2800.00
用　途：	差旅费

单位主管：　　会计：

$27\frac{1}{2}$

4200112140　　**湖北增值税专用发票**　　№ 02083475

此联不作报销、扣税凭证使用　　开票日期：2016年12月15日

购买方	名称：阳光商贸有限公司 纳税人识别号：420102728244948 地址、电话：江岸区解放大道2020号　027-82222179 开户行及帐号：工行丹水池支行　32002001909000097240	密码区	（省略）				
货物或应税劳务、服务名称	规格型号	单位	数量	单价	金额	税率	税额
A产品		件	150	331.6239316	49743.59	17%	8456.41
B产品		件	150	314.5299145	47179.49	17%	8020.51
E产品		件	300	271.7948718	81538.46	17%	13861.54
F产品		件	300	246.1538462	73846.15	17%	12553.85
合计					252307.69		42892.31
价税合计（大写）	⊗贰拾玖万伍仟贰佰圆整				（小写）￥295200.00		
销售方	名称：武汉欣达服装有限公司 纳税人识别号：420105888580636 地址、电话：武汉市汉阳区莲花湖5号　027-50669898 开户行及帐号：交通银行汉阳支行　421866138018010008066	备注					

收款人：　　复核：王梦莹　　开票人：何芬　　销售方：（章）

第一联　记账联　销售方记账凭证

27 $\frac{2}{2}$

武汉欣达服装有限公司商品出库单

商品类别：______　　　　编号：9080442

购货单位：阳光商贸　　2016 年 12 月 15 日　　仓库：

商品编号	商品名称	规格	计量单位	数量	单价	金额	备注
	A 产品		件	150			
	B 产品		件	150			
	E 产品		件	300			
	F 产品		件	300			
	合计			900			

第二联 财务记账联

仓库主管：刘志高　　记账：　　出库：赵晓蕊　　制单：胡海阳

28 $\frac{1}{2}$

3102111140　　浙江增值税专用发票　　№ 01230526

抵扣联

开票日期：2016 年 12 月 10 日

购买方	名称：武汉欣达服装有限公司 纳税人识别号：420105888580636 地址、电话：武汉市汉阳区莲花湖 5 号 027-50669898 开户行及帐号：交通银行汉阳支行 421866138018010008066			密码区	（省略）		
货物或应税劳务、服务名称	规格型号	单位	数量	单价	金额	税率	税额
甲面料		米	1600.00	32.4786325	51965.81	17%	8834.19
合计					51965.81		8834.19
价税合计（大写）	⊗陆万零捌佰圆整				（小写）￥60800.00		
销售方	名称：长隆纺织有限公司 纳税人识别号：312800691860898 地址、电话：绍兴滨海工业园 0575-56265088 开户行及帐号：建行滨海分理处 4200121803905300466			备注			

第二联 抵扣联 购买方扣税凭证

收款人：　　复核：孙晓梅　　开票人：李文嘉　　销售方：（章）

28 $\frac{2}{2}$

3102111140　　　　浙江增值税专用发票　　　　№ 01230526

发票联

开票日期：2016 年 12 月 10 日

购买方	名　　称：武汉欣达服装有限公司 纳税人识别号：420105888580636 地 址、电 话：武汉市汉阳区莲花湖 5 号 027-50669898 开户行及帐号：交通银行汉阳支行　421866138018010008066			密码区	（省略）		
货物或应税劳务、服务名称	规格型号	单位	数 量	单 价	金 额	税率	税 额
甲面料		米	1600.00	32.4786325	51965.81	17%	8834.19
合　　计					51965.81		8834.19
价税合计（大写）	⊗陆万零捌佰圆整				（小写）￥60800.00		
销售方	名　　称：长隆纺织有限公司 纳税人识别号：312800691860898 地 址、电 话：绍兴滨海工业园　0575-56265088 开户行及帐号：建行滨海分理处　4200121803905300466			备注	长隆纺织有限公司 312800691860898 发票专用章		

收款人：　　　　复核：孙晓梅　　　　开票人：李敏嘉　　　　销售方：（章）

第三联 发票联 购买方记账凭证

29 $\frac{1}{2}$

2016 年 12 月 14 日 8:30，厂办突击检查各部门劳动纪律，发现有 5 人迟到，公司决定对迟到者予以处罚，每人罚款 20 元。

武汉欣达服装有限公司

2016 年 12 月 14 日

29 $\frac{2}{2}$

武汉欣达服装有限公司 现金收据

2016 年 12 月 15 日　　　　NO 80966

今收到 王小五 等 5 人 交来 迟到 罚 款

人民币（大写）壹佰元整

现金收讫

佰	万	千	百	十	元	角	分
		￥	1	0	0	0	0

备注：

武汉欣达服装有限公司财务专用章

收款单位（签章）　　出纳：孙晓玥　　制单：何 芬

第二联 记账联

$30\frac{1}{1}$

交通银行 BANK OF COMMUNICATIONS 电汇凭证（收账通知） 4

☑普通　☐加急　　　　委托日期　2016 年 12 月 16 日

汇款人	全　称	湘湘商贸有限公司	收款人	全　称	武汉欣达服装有限公司
	账　号	431612000018180088666		账　号	421866138018010008066
	汇出地点	湖南省长沙市		汇入地点	湖北省武汉市
汇出行名称		交行长沙分行营业部	汇入行名称		交通银行汉阳支行

金额	（大写）	亿	千	百	十	万	千	百	十	元	角	分
	壹拾伍万元整			¥	1	5	0	0	0	0	0	0

交通银行汉阳支行 2016.12.16 转讫 汇出行签章	支付密码： 附加信息及用途：预付购货款 复核：　　记账：

此联给收款人的收账通知

$31\frac{1}{3}$

4200112140　　　　**湖北增值税专用发票**　　　　№　04218968

抵扣联

开票日期：2016 年 12 月 16 日

购买方	名　　称：武汉欣达服装有限公司 纳税人识别号：420105888580636 地 址、电 话：武汉市汉阳区莲花湖 5 号 027-50669898 开户行及帐号：交通银行汉阳支行　421866138018010008066			密码区	（省略）		
货物或应税劳务、服务名称	规格型号	单位	数 量	单 价	金 额	税率	税 额
运费		米	1600	0.6000000	960.00	11%	105.60
合　计					960.00		105.60
价税合计（大写）	⊗壹仟零陆拾伍圆陆角整				（小写）¥1065.60		
销售方	名　　称：中峰物流有限公司 纳税人识别号：420107666777828 地 址、电 话：武汉市青山区红卫路　027-68862496 开户行及帐号：建设银行红卫路支行 42001218039058003645			备注	中峰物流有限公司 420107666777828 发票专用章		

收款人：　　　复核：李不悔　　　开票人：张峰　　　销售方：（章）

第二联　抵扣联　购买方扣税凭证

31 $\frac{2}{3}$

4200112140　　　湖北增值税专用发票　　　№　04218968

发票联

开票日期：2016 年 12 月 16 日

购买方	名　　称：武汉欣达服装有限公司 纳税人识别号：420105888580636 地 址、电 话：武汉市汉阳区莲花湖 5 号 027-50669898 开户行及帐号：交通银行汉阳支行　42186613801801000806			密码区	（省略）		
货物或应税劳务、服务名称	规格型号	单位	数 量	单 价	金 额	税率	税 额
运费		米	1600	0.6000000	960.00	11%	105.60
合　　计					960.00		105.60
价税合计（大写）	⊗壹仟零陆拾伍圆陆角整				（小写）￥1065.60		
销售方	名　　称：中峰物流有限公司 纳税人识别号：420107666777828 地 址、电 话：武汉市青山区红卫路　027-68862496 开户行及帐号：建设银行红卫路支行　42001218039058003645			备注			

收款人：　　　复核：李不悔　　　开票人：张峰　　　销售方：（章）

第三联　发票联　购买方记账凭证

31 $\frac{3}{3}$

武汉欣达服装有限公司材料入库单

编号：0746

供应单位：长隆纺织有限公司　　　2016 年 12 月 16 日　　　仓库：原材库

材料名称	规格	计量单位	数量		实际成本					
			应收	实收	买价		运杂费	其它	合计	单位成本
					单价	金额				
甲面料		米		1600	32.48	51965.81	960.00		52925.81	33.08
合　计				1600					52925.81	

第三联　财务记账联

记账：　　　采购员：彭强　　　保管员：张虹

32 $\frac{1}{5}$

3101111140　　　**浙江增值税专用发票**　　　№ 01230999

抵扣联

开票日期：2016年12月14日

购买方	名　　称：武汉欣达服装有限公司 纳税人识别号：420105888580636 地 址、电 话：武汉市汉阳区莲花湖5号 027-50669898 开户行及帐号：交通银行汉阳支行　4218661380180100080066	密码区	（省略）

货物或应税劳务、服务名称	规格型号	单位	数量	单价	金额	税率	税额
乙面料		米	1600.00	30.7692308	49230.77	17%	8369.23
合　　计					49230.77		8369.23
价税合计（大写）	⊗伍万柒仟陆佰圆整				（小写）￥57600.00		

销售方	名　　称：西山纺织有限公司 纳税人识别号：316800669988688 地 址、电 话：绍兴滨海工业园　0575-56268099 开户行及帐号：农行滨海分理处　481001080001088	备注	

收款人：　　复核：韦筱彤　　开票人：徐曼　　销售方：（章）

第二联 抵扣联 购买方扣税凭证

32 $\frac{2}{5}$

3101111140　　　**浙江增值税专用发票**　　　№ 01230999

发票联

开票日期：2016年12月14日

购买方	名　　称：武汉欣达服装有限公司 纳税人识别号：420105888580636 地 址、电 话：武汉市汉阳区莲花湖5号 027-50669898 开户行及帐号：交通银行汉阳支行　4218661380180100080066	密码区	（省略）

货物或应税劳务、服务名称	规格型号	单位	数量	单价	金额	税率	税额
乙面料		米	1600.00	30.7692308	49230.77	17%	8369.23
合　　计					49230.77		8369.23
价税合计（大写）	⊗伍万柒仟陆佰圆整				（小写）￥57600.00		

销售方	名　　称：西山纺织有限公司 纳税人识别号：316800669988688 地 址、电 话：绍兴滨海工业园　0575-56268099 开户行及帐号：农行滨海分理处　481001080001088	备注	

收款人：　　复核：韦筱彤　　开票人：徐曼　　销售方：（章）

第三联 发票联 购买方记账凭证

32 $\frac{3}{5}$

4200112140　　湖北增值税专用发票　　№ 04218999

抵扣联

开票日期：2016 年 12 月 19 日

购买方	名　　称：武汉欣达服装有限公司 纳税人识别号：420105888580636 地 址、电 话：武汉市汉阳区莲花湖 5 号 027-50669898 开户行及帐号：交通银行汉阳支行　42186613801801000806	密码区	（省略）

货物或应税劳务、服务名称	规格型号	单位	数 量	单 价	金 额	税率	税 额
运费		米	1600	0.6000000	960.00	11%	105.60
合　　计					960.00		105.60
价税合计（大写）	⊗壹仟零陆拾伍圆陆角整				（小写）￥1065.60		

销售方	名　　称：中峰物流有限公司 纳税人识别号：420107666777828 地 址、电 话：武汉市青山区红卫路　027-68862496 开户行及帐号：建设银行红卫路支行　42001218039058003645	备注	

收款人：　　复核：李不悔　　开票人：张峰　　销售方：（章）

第二联　抵扣联　购买方扣税凭证

32 $\frac{4}{5}$

4200112140　　湖北增值税专用发票　　№ 04218999

发票联

开票日期：2016 年 12 月 19 日

购买方	名　　称：武汉欣达服装有限公司 纳税人识别号：420105888580636 地 址、电 话：武汉市汉阳区莲花湖 5 号 027-50669898 开户行及帐号：交通银行汉阳支行　42186613801801000806	密码区	（省略）

货物或应税劳务、服务名称	规格型号	单位	数 量	单 价	金 额	税率	税 额
运费		米	1600	0.6000000	960.00	11%	105.60
合　　计					960.00		105.60
价税合计（大写）	⊗壹仟零陆拾伍圆陆角整				（小写）￥1065.60		

销售方	名　　称：中峰物流有限公司 纳税人识别号：420107666777828 地 址、电 话：武汉市青山区红卫路　027-68862496 开户行及帐号：建设银行红卫路支行　42001218039058003645	备注	

收款人：　　复核：李不悔　　开票人：张峰　　销售方：（章）

第三联　发票联　购买方记账凭证

32 $\frac{5}{5}$

武汉欣达服装有限公司材料入库单

编号：0747

供应单位：西山纺织有限公司　　2016 年 12 月 19 日　　仓库：原材库

材料名称	规格	计量单位	数量		实际成本					
			应收	实收	买价		运杂费	其它	合计	单位成本
					单价	金额				
乙面料		米		1600	30. 77	49230. 77	960. 00		50190. 77	31. 37
合　计				1600					50190. 77	

第三联　财务记账联

记账：　　采购员：彭强　　保管员：张虹

33 $\frac{1}{1}$

交通银行（ 汉阳支行 ）记收利息清单（扣收通知书）

币种　人民币　贷款编号 4212008016116660　　日期 2016-12-21　　分页号 1/1

单位名称：武汉欣达服装有限公司			
贷款账号 4218661389000000011888	结算账号 4218661380180100008066		
起止日期	贷款余额	利率%	利息金额
2016-09-21－2016-12-20	1000000. 00	5. 60	7466. 67
金额合计（人民币）柒仟肆佰陆拾陆元陆角柒分		金额合计	RMB7466. 67

交通银行汉阳支行
2016. 12. 21
转讫

复核：　　记账：

$34\frac{1}{2}$

交通银行（汉阳支行）计付存款利息清单（收款通知）

2016 年 12 月 21 日

单位名称：武汉欣达服装有限公司					
结算账号：　421866138018010008066			存款账号：421866138018010008066		
编号	计息类型	计息起迄日期	计息积数	利率	利息金额
20161200	普通积数	2016-09-21—2016-12-20		0.35%	1949.66
摘要：存款利息				金额合计	CNY1949.66
金额合计（大写）人民币　壹仟玖佰肆拾玖元陆角陆分					

交通银行汉阳支行 2016.12.21 转讫

复核：　　　　　　　　记账：

$34\frac{2}{2}$

建设银行（汉阳支行）计付存款利息清单（收款通知）

2016 年 12 月 21 日

单位名称：武汉欣达服装有限公司					
结算账号：　42001218039053001402			存款账号：42001218039053001402		
编号	计息类型	计息起迄日期	计息积数	利率	利息金额
20161212	普通积数	2016-09-21—2016-12-20		0.35%	121.75
摘要：存款利息				金额合计	CNY121.75
金额合计（大写）人民币　壹佰贰拾壹元柒角伍分					

建设银行汉阳支行 2016.12.21 转讫

复核：　　　　　　　　记账：

$35\frac{1}{2}$

42011364231　　湖北增值税普通发票　　№ 42326432

开票日期：2016 年 12 月 23 日

购买方	名　　称：武汉欣达服装有限公司 纳税人识别号：420105888580636 地 址、电 话：武汉市汉阳区莲花湖 5 号 027-50669898 开户行及帐号：交通银行汉阳支行　421866138018010008066			密码区	（省略）		
货物或应税劳务、服务名称	规格型号	单位	数 量	单 价	金 额	税率	税 额
制图技术培训		人	1	1922.33	1922.33	3%	57.67
合　　计					1922.33		57.67
价税合计（大写）	⊗壹仟玖佰捌拾圆整				（小写）￥1980.00		
销售方	名　　称：博昌职业技术培训学校 纳税人识别号：420105678433245 地 址、电 话：武汉市江汉区新华下路　027-84537777 开户行及帐号：工商银行江汉分行　456457687864332			备注			

收款人：　　复核：陈元海　　开票人：宏伟　　销售方：（章）

第二联　发票联　购买方记账凭证

$35\frac{2}{2}$

沈阳中广印制公司·2015年印制

中国建设银行

转账支票存根

10504230

00216393

附加信息

出票日期 2016 年 12 月 23 日

收款人：	博昌职业技术培训学校
金　额：	￥1980.00
用　途：	制图技术培训费

单位主管：　　会计：

$36\frac{1}{5}$

积压物资处理申请报告

公司领导：

因一年前采购的 A 面料、B 面料、C 面料还有剩余，且数量不多，目前市场已不再生产和销售这类面料，公司也不再生产该面料的服装，形成积压。为减少损失，申请将此批面料低于成本价转让，请领导批示。

公司采购部　彭强

2016 年 12 月 21 日

同意处理

李昌勇

2016 年 12 月 22 日

$36\frac{2}{5}$

4200161320　　**湖北增值税普通发票**　　№　06914680

此联不作报销、扣税凭证使用　　开票日期：2016 年 12 月 23 日

购买方	名　　称：个人 纳税人识别号： 地 址、电 话： 开户行及帐号：			密码区	（省略）		
货物或应税劳务、服务名称	规格型号	单位	数 量	单 价	金 额	税率	税 额
A 面料		米	48	10.0000000	480.00	17%	81.60
B 面料		米	36	20.0000000	720.00	17%	122.40
C 面料		米	27	30.0000000	810.00	17%	137.70
合　计					2010.00		341.70
价税合计（大写）	⊗贰仟叁佰伍拾壹圆柒角整				（小写）￥2351.70		
销售方	名　　称：武汉欣达服装有限公司 纳税人识别号：420105888580636 地 址、电 话：武汉市汉阳区莲花湖 5 号 027-50669898 开户行及帐号：交通银行汉阳支行　421866138018010008066			备注			

收款人：　　复核：王梦莹　　开票人：何芬　　销售方：（章）

第一联　记账联　销售方记账凭证

$36\frac{3}{5}$

武汉欣达服装有限公司领料单

领用部门：业务部

用途：对外销售　　2016 年 12 月 23 日　　编号：068416

编号	材料名称	规格	计量单位	数量		金额	
				请领	实发	单价	总额
	A 面料		米	48	48		
	B 面料		米	36	36		
	C 面料		米	27	27		
	合计						

第二联 财务记账联

发料人：张虹　记账：　领料部门负责人：李明　领料人：胡海阳

$36\frac{4}{5}$

武汉欣达服装有限公司 现金收据

2016 年 12 月 23 日　　NO 80967

今收到 陈 年 交来 购布料 款

人民币（大写）贰仟叁佰伍拾壹元柒角整

现金收讫

佰	万	千	百	十	元	角	分
	¥	2	3	5	1	7	0

备注：

武汉欣达服装有限公司财务专用章

收款单位（签章）　出纳：孙晓玥　制单：何 芬

第二联 记账联

36 $\frac{5}{5}$

交通银行 BANK OF COMMUNICATIONS 现金交款单

币别：人民币　　　　2016 年 12 月 23 日　　　　流水号：

单位填写				
收款单位	武汉欣达服装有限公司	交款人	武汉欣达服装有限公司	
账 号	421866138018010008066	款项来源	货款	
（大写）贰仟叁佰伍拾壹元柒角整				亿千百十万千百十元角分：¥ 2 3 5 1 7 0

银行确认栏	
收款人账号： 收款人户名： 缴款人名称： 交易码　收付　金额 11201 收入金额： 实收金额： 交易日期：2016 年 12 月 23 日	交通银行汉阳支行 2016.12.23 转讫 付出金额： 现金回单（无银行签章此单无效）

复核：　　　录入：　　　出纳：

37 $\frac{1}{5}$

差旅费报销单

第　页

单位：　　　　　　填报日期：2016 年 12 月 23 日

出差人：李昌勇　职务：经理　出差事由：参加行业协会年会　所在部门：厂部

起止时间及地址 月	日	起点	月	日	终点	飞机 金额	火车 金额	长途汽车 金额	通宵乘车补助 金额	伙食及市内交通补助 天数	标准	金额	住宿费 金额	其它 金额	合计 金额
12	15	武汉	12	15	上海虹桥		301.00								
12	17	上海虹桥	12	17	武汉		301.00			3	300	900	620.00		
小计							602.00					900.00	620.00		2122.00
预借金额	¥0.00		报销金额	¥2122.00			应退金额						应补金额		2122.00

附单据共 4 张

单位负责人：李昌勇印　财务主管：王梦莹　审核：何 芬　经办人：常江

$37\frac{2}{5}$

108G097603

武 汉　　G600 次 →　　上海虹桥

Wuhan　　Shanghai Hongqiao

2016 年 12 月 15 日 15:01 开　05 车 22A 号

￥ 301.00 元　　二等座

限乘当日当次车

4201031962＊＊＊＊0615 李昌勇

买票请到 12306 发货请到 95306
中国铁路祝您旅途愉快

45062310790918F 674327 武汉站售

$37\frac{3}{5}$

E0005941

上海虹桥　　G1736 次 →　　武汉

Shanghai Hongqiao　　Wuhan

2016 年 12 月 17 日 15:23 开　06 车 08A 号

￥ 301.00 元　　二等座

限乘当日当次车

4201031962＊＊＊＊0615 李昌勇

买票请到 12306 发货请到 95306
中国铁路祝您旅途愉快

455412165212558F 085342 上海虹桥售

$37\frac{4}{5}$

3100162180　　上海增值税普通发票　　№ 00282468

发票联

开票日期：2016 年 12 月 17 日

购买方	名　　称：武汉欣达服装有限公司 纳税人识别号：420105888580636 地 址、电 话：武汉市汉阳区莲花湖 5 号 027-50669898 开户行及帐号：交通银行汉阳支行　421866138018010008066				密码区	（省略）	
货物或应税劳务、服务名称	规格型号	单位	数 量	单 价	金 额	税率	税 额
住宿费		天	2	292.4528302	584.91	6%	35.09
合　计					584.91		35.09
价税合计（大写）	⊗陆佰贰拾元整				（小写）￥620.00		
销售方	名　　称：上海浦星国际酒店 纳税人识别号：913101150000343 地 址、电 话：上海闵行区虹莘路 7 号　021-81064466 开户行及帐号：招行上海闵行分行　6234678400004783502				备注		

收款人：　　复核：王萌　　开票人：张胜　　销售方：（章）

第二联　发票联　购买方记账凭证

$37\frac{5}{5}$

交通银行

现金支票存根

30104210

00132493

附加信息

出票日期 2016 年 12 月 23 日

收款人：武汉欣达服装有限公司
金　额：￥2122.00
用　途：差旅费

单位主管：　　会计：

$38\frac{1}{1}$

房租摊销表

2016 年 12 月 23 日　　　　单位：元

部门	月房租额	分摊比例	金额
生产车间	20000	90%	
行政管理部门		10%	
合计			

复核：　　　　制单：

$39\frac{1}{1}$

交通银行 BANK OF COMMUNICATIONS　**电汇凭证（收账通知）**　4

☑普通　☐加急　　　委托日期　2016 年 12 月 23 日

汇款人	全　称	上海吉隆商贸有限公司	收款人	全　称	武汉欣达服装有限公司
	账　号	310066030018884299488		账　号	421866138018010008066
	汇出地点	上海市		汇入地点	湖北省武汉市
汇出行名称		交通银行宝山支行	汇入行名称		交通银行汉阳支行

金额	人民币（大写）	贰拾万元整	亿	千	百	十	万	千	百	十	元	角	分
					¥	2	0	0	0	0	0	0	0

交通银行汉阳支行 2016.12.23 转讫 汇出行签章	支付密码 附加信息及用途：购货款 复核：　　记账：

此联给收款人的收账通知

$40\frac{1}{2}$

银行承兑汇票（存根）1

31300051
20188669

出票日期　贰零壹陆年壹拾贰月贰拾叁日

出票人全称	武汉欣达服装有限公司	收款人	全称	西山贸易有限公司
出票人帐号	421866138018010008066	收款人	帐号	700170015566880000888
付款行全称	交通银行汉阳支行	收款人	开户银行	浦发银行西山支行
出票金额	人民币　壹拾万元整 （大写）		亿 千 百 十 万 千 百 十 元 角 分	¥ 1 0 0 0 0 0 0 0
汇票到期日（大写）	贰零壹柒年肆月贰拾叁日	付款行	行号	16816800888
承兑协议编号	790010083008	付款行	地址	武汉建设大道888号
本汇票请你行承兑，到期无条件付款。 出票人签章	本汇票已经承兑，到期日由本行付款。 承兑行签章 承兑日期　年　月　日		复核　记帐	

此联由出票人存查

$40\frac{2}{2}$

银行承兑汇票　2

31300051
20188669

出票日期　贰零壹陆年壹拾贰月贰拾叁日

出票人全称	武汉欣达服装有限公司	收款人	全　称	西山贸易有限公司
出票人帐号	421866138018010008066	收款人	帐　号	700170015566880000888
付款行全称	交通银行汉阳支行	收款人	开户银行	浦发银行西山支行
出票金额	人民币　壹拾万元整 （大写）		亿 千 百 十 万 千 百 十 元 角 分	¥ 1 0 0 0 0 0 0 0
汇票到期日（大写）	贰零壹柒年肆月贰拾叁日	付款行	行号	16816800888
承兑协议编号	790010083008	付款行	地址	武汉建设大道888号
本汇票请你行承兑，到期无条件付款。 武汉欣达服装有限公司财务专用章　勇李印昌 出票人签章	本汇票已经承兑，到期日由本行付款。 交通银行汉阳支行 301521000013 汇票专用章 承兑行签章 承兑日期　年　月　日		复核　记帐	

此联收款人开户行随托收凭证寄付款行作借方凭证附件

（注：此联为复印件。）

41 $\frac{1}{1}$

交 通 银 行 付 款 通 知 书

日期 2016-12-23

机构号 421061 交易代码 911770

单位名称：武汉欣达服装有限公司			
账号：421866138018010008066			
摘要 财务顾问费： 收费种类： 代收邮电费： 代收工本费： 手续费：50.00		金额合计	CNY50.00
金额合计（大写）	人民币伍拾元整		

交通银行汉阳支行 2016.12.23 转讫

注： 此付款通知书加盖我行业务公章方有效。

流水号 EEBBKKB866 经办：4211388

42 $\frac{1}{4}$

武汉欣达服装有限公司零星费用报销单

部门: 填报日期: 2016 年 12 月 23 日

费用项目	单据张数	金 额
招待费	3	2478.00
小 计		2478.00
金额合计(大写) ⊗贰仟肆佰柒拾捌元整		

现金付讫

财务主管:王梦莹 部门负责人:李莫愁 经办人:常 江

42 $\frac{2}{4}$

莲花商场股份有限公司（网络版）

发 票 联　　发票代码:142011463041

142011463041/00018288　　发票号码: 00018288

开票日期：2016 年 12 月 16 日　　零售业　　网络发票号：　1429154391222

购方单位：武汉欣达服装有限公司　　购货方识别号或证件号：0

品号及规格	货物或劳务名称	单位	数量	单价	金额
	香烟	条	2	600.00	1200.00

金额（大写）：　壹仟贰佰元整　　￥1200.00

开票单位章　　收款人：吕霞　　开票人：吕霞

第二联 发票联（购货单位付款凭证）（手开无效）

42 $\frac{3}{4}$

湖北省国家税务局通用机打发票

发 票 联

发票代码 242011406030

发票号码：16750186

客户名称：武汉欣达服装有限公司

开票日期：2016-12-16

机打号码：16750186

机器编号：0264567883599

收款单位：楚乡轩餐饮管理有限公司

税号：　420105555844345X

项目名称	单价	数量	金额
餐饮费	678.00	1.00	678.00

金额合计（小写）￥678.00

金额合计（大写）陆佰柒拾捌元整

税控码：2112 0541 2401 8599 4808

开票人：梅梅

$42\frac{4}{4}$

莲花商场股份有限公司（网络版）

发　票　联

发票代码:142011463041

142011463041/00018966

发票号码: 00018966

开票日期：2016 年 12 月 19 日　　零售业　　网络发票号：　1429154398321

购方单位：武汉欣达服装有限公司　　购货方识别号或证件号：0

品号及规格	货物或劳务名称	单位	数量	单价	金额
	香烟	条	1	600.00	600.00

金额（大写）：　陆佰元整　　　　¥600.00

开票单位章　　收款人：吕霞　　开票人：吕霞

第二联 发票联（购货单位付款凭证）（手开无效）

$43\frac{1}{4}$

湖北增值税专用发票

抵扣联

4200121140　　№ 00368886

开票日期：2016 年 12 月 23 日

购买方	名称：武汉欣达服装有限公司 纳税人识别号：420105888580636 地址、电话：武汉市汉阳区莲花湖 5 号 027-50669898 开户行及帐号：交通银行汉阳支行 421866138018010008066	密码区	（省略）			
货物或应税劳务、服务名称	规格型号	单位	数量	单价	金额	税率	税额
打印机	HP CP5225dn	台	1.00	13674.3589743	13674.36	17%	2324.64
合计					13674.36		2324.64
价税合计（大写）	⊗壹万伍仟玖佰玖拾玖圆整				（小写）¥15999.00		
销售方	名称：星星科技有限公司 纳税人识别号：420101117414211878 地址、电话：武汉市武昌区武珞路 717 号 027-87742828 开户行及帐号：招商银行武珞路支行 5581668810001	备注					

收款人：　　复核：马冬　　开票人：吴雁　　销售方：（章）

第二联 抵扣联 购买方扣税凭证

$43\frac{2}{4}$

4200121140　　**湖北增值税专用发票**　　№ 00368886

发票联

开票日期：2016 年 12 月 23 日

购买方	名　　称：武汉欣达服装有限公司 纳税人识别号：420105888580636 地 址、电 话：武汉市汉阳区莲花湖 5 号 027-50669898 开户行及帐号：交通银行汉阳支行 421866138018010008066				密码区	（省略）	
货物或应税劳务、服务名称	规格型号	单位	数 量	单 价	金 额	税率	税 额
打印机	HP CP5225dn	台	1.00	13674.3589743	13674.36	17%	2324.64
合　　计					13674.36		2324.64
价税合计（大写）	⊗壹万伍仟玖佰玖拾玖圆整				（小写）￥15999.00		
销售方	名　　称：星星科技有限公司 纳税人识别号：420101117741421878 地 址、电 话：武汉市武昌区武珞路 717 号 027-87742828 开户行及帐号：招商银行武珞路支行 5581668810001				备注	星星科技有限公司 420101117741421878 发票专用章	

收款人：　　复核：马冬　　开票人：吴雁　　销售方：（章）

第三联 发票联 购买方记账凭证

$43\frac{3}{4}$

交通银行
转账支票存根
30104215

00143963

附加信息

出票日期 2016 年 12 月 23 日

收款人：	星星科技有限公司
金　额：	￥15999.00
用　途：	货款

单位主管：　　会计：

深圳阳光印刷有限公司·2015年印制

$43\frac{4}{4}$

固定资产交接（验收）单

2016 年 12 月 23 日

编号	名称	规格	型号	计量单位	数量	建造单位		备注
0612	打印机		CP5225dn	台	1	惠普中国有限公司		
总价	买价	安装费	运杂费	包装费	其他	原值	预计年限	净残值率
	13674.36					13674.36	5	3%
用途	管理部门用		使用部门		设计部		已提折旧	0.00
验收意见		合格，交付使用			验收人签章		胡逢	

财务主管：王梦莹　　制单：黄鹤　　复核：李莫愁

$44\frac{1}{1}$

中国建设银行
转账支票存根
10504230

沈阳中广印制公司·2015年印制

00216394

附加信息

出票日期 2016 年 12 月 23 日

收款人：	中峰物流有限公司
金　额：	¥7858.80
用　途：	运费

单位主管：　　会计：

45 $\frac{1}{1}$

中国建设银行 China Construction Bank

进账单 (收账通知) 3

2016 年 12 月 23 日

出票人	全称	武汉奥发商贸有限公司		收款人	全称	武汉欣达服装有限公司										
	账号	42001218039053001287			账号	42001218039053001402										
	开户银行	建设银行琴台支行			开户银行	建设银行汉阳支行										
金额	人民币(大写)	壹拾贰万肆仟贰佰肆拾元整				亿	千	百	十	万	千	百	十	元	角	分
								¥	1	2	4	2	4	0	0	0
票据种类		转账支票	票据张数	1												
票据号码																
	复核：	记账：			收款人开户银行签章											

此联是收款人开户银行交给收款人的收账通知

建设银行汉阳支行 2016.12.23 转讫

46 $\frac{1}{1}$

中国建设银行 China Construction Bank

电汇凭证 (回单) 1

√普通 □加急　　委托日期 2016 年 12 月 26 日

汇款人	全称	武汉欣达服装有限公司	收款人	全称	长隆纺织有限公司										
	账号	42001218039053001402		账号	4200121803905300466										
	汇出地点	湖北省武汉市		汇入地点	浙江省绍兴市										
汇出行名称		建设银行汉阳支行	汇入行名称		建行滨海分理处										
金额	人民币(大写)	伍万柒仟陆佰元整			亿	千	百	十	万	千	百	十	元	角	分
								¥	5	7	6	0	0	0	0
汇出行签章		支付密码													
		附加信息及用途:购货款													
		复核：	记账：												

此联汇出行给汇款人的回单

建设银行汉阳支行 2016.12.26 转讫

47 $\frac{1}{3}$

4200112140　　　**湖北增值税专用发票**　　　№　02083476

此联不作报销、扣税凭证使用　　　开票日期：2016 年 12 月 26 日

购买方	名　　称：阳光商贸有限公司 纳税人识别号：420102728244948 地 址、电 话：江岸区解放大道 2020 号　027-82222179 开户行及帐号：工行丹水池支行　32002001909000097240	密码区	（省略）

货物或应税劳务、服务名称	规格型号	单位	数 量	单 价	金 额	税率	税 额
A 产品		件	180	331.6239316	59692.31	17%	10147.69
B 产品		件	180	314.5299145	56615.38	17%	9624.62
合　　计					116307.69		19772.31
价税合计（大写）	⊗壹拾叁万陆仟零捌拾圆整				（小写）￥136080.00		

销售方	名　　称：武汉欣达服装有限公司 纳税人识别号：420105888580636 地 址、电 话：武汉市汉阳区莲花湖 5 号 027-50669898 开户行及帐号：交通银行汉阳支行　421866138018010008066	备注	

收款人：　　复核：王梦莹　　开票人：何芬　　销售方：（章）

第一联　记账联　销售方记账凭证

47 $\frac{2}{3}$

4200112140　　　**湖北增值税专用发票**　　　№　02083477

此联不作报销、扣税凭证使用　　　开票日期：2016 年 12 月 26 日

购买方	名　　称：阳光商贸有限公司 纳税人识别号：420102728244948 地 址、电 话：江岸区解放大道 2020 号　027-82222179 开户行及帐号：工行丹水池支行　32002001909000097240	密码区	（省略）

货物或应税劳务、服务名称	规格型号	单位	数 量	单 价	金 额	税率	税 额
C 产品		件	180	485.4700855	87384.62	17%	14855.38
D 产品		件	180	502.5641026	90461.54	17%	15378.46
合　　计					177846.16		30233.84
价税合计（大写）	⊗贰拾万零捌仟零捌拾圆整				（小写）￥208080.00		

销售方	名　　称：武汉欣达服装有限公司 纳税人识别号：420105888580636 地 址、电 话：武汉市汉阳区莲花湖 5 号 027-50669898 开户行及帐号：交通银行汉阳支行　421866138018010008066	备注	

收款人：　　复核：王梦莹　　开票人：何分　　销售方：（章）

第一联　记账联　销售方记账凭证

47 $\frac{3}{3}$

武汉欣达服装有限公司商品出库单

商品类别：________ 编号：9080443

购货单位：阳光商贸有限公司 2016 年 12 月 26 日 仓库：

商品编号	商品名称	规格	计量单位	数量	单价	金额	备注
	A 产品		件	180			
	B 产品		件	180			
	C 产品		件	180			
	D 产品		件	180			
	合计			720			

第二联 财务记账联

仓库主管：刘志高 记账： 出库：赵晓蕊 制单：胡海阳

48 $\frac{1}{1}$

深圳阳光印刷有限公司·2015年印制

交通银行
现金支票存根
30104210

00132494

附加信息

出票日期 2016 年 12 月 26 日

收款人：	武汉欣达服装有限公司
金　额：	￥2500.00
用　途：	备用金

单位主管： 会计：

$49\frac{1}{2}$

深圳阳光印刷有限公司·2015年印制

交通银行
转账支票存根
30104215

00143964

附加信息

出票日期 2016 年 12 月 26 日

收款人：武汉市住房公积金中心
金　额：¥26400.00
用　途：第四季度的住房公积金

单位主管：　　会计：

$49\frac{2}{2}$

武汉住房公积金汇（补）缴书

2016 年 12 月 26 日　　No 00812848

<table>
<tr><td rowspan="6">客户填写</td><td>缴存单位</td><td colspan="3">武汉欣达服装有限公司</td><td colspan="2">公积金账号</td><td colspan="2">87664387888</td></tr>
<tr><td>缴存金额（大写）</td><td colspan="3">贰万陆仟肆佰元整</td><td colspan="4">千 百 十 万 千 百 十 元 角 分
¥ 2 6 4 0 0 0 0</td></tr>
<tr><td colspan="2">上月汇缴</td><td colspan="2">本月增加汇缴</td><td colspan="2">本月减少汇缴</td><td colspan="2">本月汇缴</td></tr>
<tr><td>人数</td><td>金额</td><td>人数</td><td>金额</td><td>人数</td><td>金额</td><td>人数</td><td>金额</td></tr>
<tr><td colspan="3">汇缴　　2016 年 10 — 12 月</td><td colspan="3">补缴人数：　　人</td><td colspan="2">附变更清册　　张</td></tr>
<tr><td colspan="3">补缴</td><td colspan="3">补缴金额：　　元</td><td colspan="2">附变更清册　　张</td></tr>
<tr><td>受理网点填写</td><td>业务审核</td><td colspan="2"></td><td>资金入账</td><td colspan="2"></td><td colspan="2">武汉住房公积金管理中心 业务专用章02
单位印鉴</td></tr>
</table>

第三联：单位留存

武汉住房公积金管理中心监制

$50\frac{1}{2}$

武汉欣达服装有限公司零星费用报销单

部门: 填报日期: 2016 年 12 月 26 日

费用项目	单据张数	金额
球场使用费等	1	684.00
小计		¥684.00
金额合计(大写) ⊗陆佰捌拾肆元整		

现金付讫

财务主管: 王梦莹 部门负责人: 李莫愁 经办人: 常江

$50\frac{2}{2}$

湖北增值税普通发票

№ 19110564

4200164213

开票日期: 2016 年 12 月 24 日

发 票 联

全国统一发票监制章 湖北 国家税务局监制

购买方	名称: 武汉欣达服装有限公司 纳税人识别号: 420105888580636 地址、电话: 武汉市汉阳区莲花湖 5 号 027-50669898 开户行及帐号: 交通银行汉阳支行 421866138018010008066				密码区	(省略)	
货物或应税劳务、服务名称	规格型号	单位	数量	单价	金额	税率	税额
球场使用费		小时	8	43.6893	349.51	3%	10.49
羽毛球		筒	2	76.9231	153.85	17%	26.15
纯净水		件	3	41.0256	123.08	17%	20.92
合计					626.44		57.56
价税合计(大写)	⊗陆佰捌拾肆元整			(小写) ¥684.00			
销售方	名称: 武汉康乐运动中心 纳税人识别号: 420114865885835 地址、电话: 武汉汉阳王家湾 431 号 027-85437746 开户行及帐号: 工商银行武汉汉阳支行 320587354267453243				备注		

第二联: 发票联 购买方记账凭证

收款人: 复核: 开票人: 曾丽 销售方: (章)

武汉康乐运动中心 420114865885835 发票专用章

51 $\frac{1}{2}$

湖北增值税普通发票

4200162320　　№ 19110229

开票日期：2016 年 12 月 26 日

购买方	名　　称：武汉欣达服装有限公司 纳税人识别号：420105888580636 地 址、电 话：武汉市汉阳区莲花湖 5 号 027-50669898 开户行及帐号：交通银行汉阳支行 421866138018010008066	密码区	（省略）

货物或应税劳务、服务名称	规格型号	单位	数 量	单 价	金 额	税率	税 额
机动车辆商业保险费		单	1	2654.40	2654.40	6%	159.26
机动车交通事故责任强制保险费		单	1	896.23	896.23	6%	53.77
合　　计					3550.63		213.03
价税合计（大写）	⊗叁仟柒佰陆拾叁元陆角陆分　　（小写）￥3763.66						

销售方	名　　称：长江财产保险股份有限公司 纳税人识别号：914201000668155360 地 址、电 话：武汉东湖新技术开发区鲁巷 1 号 027-83766666 开户行及帐号：工商银行武汉黄埔支行 3202001529200001797	备注	车牌号：鄂 A13421 代收车船税：720 元，滞纳金：0 元. 总计：4483.66 元

收款人：　　复核：　　开票人：李青　　销售方：（章）

第二联：发票联　购买方记账凭证

51 $\frac{2}{2}$

深圳阳光印刷有限公司·2015年印制

交通银行
转账支票存根
30104215

00143965

附加信息

出票日期 2016 年 12 月 26 日

收款人：长江财产保险股份公司
金　额：￥4483.66
用　途：车辆保险费

单位主管：　　会计：

52 $\frac{1}{1}$

深圳阳光印刷有限公司·2015年印制

交通银行

转账支票存根

30104215

00143966

附加信息

出票日期 2016 年 12 月 26 日

收款人：武汉恒达商贸有限公司
金　额：￥240000.00
用　途：预付 2017 年房租

单位主管：　　会计：

53 $\frac{1}{3}$

4200112140　　湖北增值税专用发票　　№　02083478

此联不作报销、扣税凭证使用　　开票日期：2016 年 12 月 28 日

购买方	名　称：湘湘商贸有限公司 纳税人识别号：430103779988166 地址、电话：长沙市天心区友谊路　0731-58586633 开户行及帐号：交行天心支行　4316120000181800886666				密码区	（省略）	
货物或应税劳务、服务名称	规格型号	单位	数量	单价	金额	税率	税额
A 产品		件	570	331.6239316	189025.64	17%	32134.36
B 产品		件	570	314.5299145	179282.05	17%	30477.95
合　计					368307.69		62612.31
价税合计（大写）	⊗肆拾叁万零玖佰贰拾圆整				（小写）￥430920.00		
销售方	名　称：武汉欣达服装有限公司 纳税人识别号：420105888580636 地址、电话：武汉市汉阳区莲花湖 5 号 027-50669898 开户行及帐号：交通银行汉阳支行　421866138018010008066				备注		

第一联　记账联　销售方记账凭证

收款人：　　复核：王梦莹　　开票人：胡芬　　销售方：（章）

$53\frac{2}{3}$

武汉欣达服装有限公司商品出库单

商品类别：＿＿＿＿＿＿＿＿　　编号：9080444

购货单位：湘湘商贸有限公司　　2016年12月28日　　仓库：

商品编号	商品名称	规格	计量单位	数量	单价	金额	备注
	A产品		件	570			
	B产品		件	570			
	合计			1140			

第二联　财务记账联

仓库主管：刘志高　　记账：　　出库：赵晓蕊　　制单：胡海阳

$53\frac{3}{3}$

交通银行 BANK OF COMMUNICATIONS　**电汇凭证（收账通知）**　4

√普通　□加急　　委托日期　2016年　12　月　28　日

汇款人	全　称	湘湘商贸有限公司	收款人	全　称	武汉欣达服装有限公司
	账　号	431612000018180088666		账　号	421866138018010008066
	汇出地点	湖南省长沙市		汇入地点	湖北省武汉市
汇出行名称		交行天心支行	汇入行名称		交通银行汉阳支行
金额	人民币（大写）	贰拾捌万零仟玖佰贰拾元整	亿 千 百 十 万 千 百 十 元 角 分		¥ 2 8 0 9 2 0 0 0
汇出行签章			支付密码		
			附加信息及用途：购货款		复核：　　记账：

交通银行汉阳支行 2016.12.28 转讫

此联给收款人的收账通知

54 $\frac{1}{2}$

中国邮政集团公司湖北省分公司报刊发行发票

全国统一发票监制章 湖北 发票联 湖北省国家税务局监制

订户名：武汉欣达服装有限公司　　　　发票代码 142011599044

地　址：武汉市汉阳区莲花湖 5 号　　　　发票号码　00167928

查询号：20111470002121　　　　日期 2016 年 12 月 28 日

序号	报刊代号	报刊名称	起止订期	份数	定价	金额	备注
1		长江日报	2017 年度	1		480.00	
2		伊人风尚	2017 年度	1		240.00	
⊗柒佰贰拾元整						¥720.00	

第二联　发票联

营业员：　尤游　　　　日戳：

否正确。

改址等事项，请交验此发票。

表示不可退订。　　　　邮政客户服务电话: 11185

中国邮政集团公司武汉市分公司 420103300251398 发票专用章

武汉 2016.12.28 11 莲花湖投02

54 $\frac{2}{2}$

交通银行
转账支票存根
30104215

00143967

附加信息

出票日期 2016 年 12 月 28 日

收款人：中国邮政武汉分公司
金　额：¥720.00
用　途：报刊款

单位主管：　　　会计：

深圳阳光印刷有限公司·2015年印制

55 $\frac{1}{4}$

湖北增值税专用发票

4200112140　　　№ 02083479

此联不作报销、扣税凭证使用　　　开票日期：2016 年 12 月 28 日

购买方	名称：武汉澳发商贸有限公司 纳税人识别号：420105996302951 地址、电话：武汉市汉阳区莲花湖 8 号 027-50669755 开户行及帐号：建设银行琴台支行 42001218039053001287			密码区	（省略）		
货物或应税劳务、服务名称	规格型号	单位	数量	单价	金额	税率	税额
A 产品		件	180.00	331.6239316	59692.31	17%	10147.69
B 产品		件	180.00	314.5299145	56615.38	17%	9624.62
合计					116307.69		19772.31
价税合计（大写）	⊗壹拾叁万陆仟零捌拾圆整				（小写）136080.00		
销售方	名称：武汉欣达服装有限公司 纳税人识别号：420105888580636 地址、电话：武汉市汉阳区莲花湖 5 号 027-50669898 开户行及帐号：交通银行汉阳支行 421866138018010008066			备注			

第一联：记账联 销售方记账凭证

收款人：　　复核：王梦莹　　开票人：何芬　　销售方：（章）

55 $\frac{2}{4}$

湖北增值税专用发票

4200112140　　　№ 02083480

此联不作报销、扣税凭证使用　　　开票日期：2016 年 12 月 28 日

购买方	名称：武汉澳发商贸有限公司 纳税人识别号：420105996302951 地址、电话：武汉市汉阳区莲花湖 8 号 027-50669755 开户行及帐号：建设银行琴台支行 42001218039053001287			密码区	（省略）		
货物或应税劳务、服务名称	规格型号	单位	数量	单价	金额	税率	税额
C 产品		件	270.00	485.4700855	131076.92	17%	22283.08
D 产品		件	270.00	502.5641026	135692.31	17%	23067.69
合计					266769.23		45350.77
价税合计（大写）	⊗叁拾壹万贰仟壹佰贰拾圆整				（小写）312120.00		
销售方	名称：武汉欣达服装有限公司 纳税人识别号：420105888580636 地址、电话：武汉市汉阳区莲花湖 5 号 027-50669898 开户行及帐号：交通银行汉阳支行 421866138018010008066			备注			

第一联：记账联 销售方记账凭证

收款人：　　复核：王梦莹　　开票人：何芬　　销售方：（章）

$55\frac{3}{4}$

武汉欣达服装有限公司商品出库单

商品类别：　　　　　　　　　　　　　　　　　　　　　　　　编号：9080445

购货单位：武汉澳发商贸公司　　　　2016 年 12 月 28 日　　　　仓库：

商品编号	商品名称	规格	计量单位	数量	单价	金额	备注
	A 产品		件	180			
	B 产品		件	180			
	合计			360			

第三联　财务记账联

仓库主管：刘志高　　　　记账：　　　　出库：赵晓蕊　　　　制单：胡海阳

$55\frac{4}{4}$

武汉欣达服装有限公司商品出库单

商品类别：　　　　　　　　　　　　　　　　　　　　　　　　编号：9080446

购货单位：武汉澳发商贸公司　　　　2016 年 12 月 28 日　　　　仓库：

商品编号	商品名称	规格	计量单位	数量	单价	金额	备注
	C 产品		件	270			
	D 产品		件	270			
	合计			540			

第三联　财务记账联

仓库主管：刘志高　　　　记账：　　　　出库：赵晓蕊　　　　制单：胡海阳

56 $\frac{1}{2}$

湖北增值税专用发票

4200112140　　　　　　　　　　　　　　　　№　02083481

此联不作报销、扣税凭证使用　　　　开票日期：2016年12月28日

购买方	名　　称：上海吉隆商贸有限公司 纳税人识别号：311113768835388 地址、电话：上海市宝山区双城路808弄021-61808898 开户行及帐号：交通银行宝山支行310066030018884299488			密码区	（省略）		
货物或应税劳务、服务名称	规格型号	单位	数量	单价	金额	税率	税额
A产品		件	600.00	331.6239316	198974.36	17%	33825.64
B产品		件	600.00	314.5299145	188717.94	17%	32082.06
合　　计					387692.30		65907.70
价税合计（大写）	⊗肆拾伍万叁仟陆佰圆整				（小写）453600.00		
销售方	名　　称：武汉欣达服装有限公司 纳税人识别号：420105888580636 地址、电话：武汉市汉阳区莲花湖5号027-50669898 开户行及帐号：交通银行汉阳支行421866138018010008066			备注			

收款人：　　　　复核：王梦莹　　　　开票人：何芬　　　　销售方：（章）

第一联：记账联　销售方记账凭证

56 $\frac{2}{2}$

武汉欣达服装有限公司商品出库单

商品类别：　　　　　　　　　　　　　　编号：9080447

购货单位：上海吉隆商贸　　　2016年12月28日　　　　仓库：

商品编号	商品名称	规格	计量单位	数量	单价	金额	备注
	A产品		件	600			
	B产品		件	600			
	合计			1200			

仓库主管：刘志高　　　记账：　　　出库：赵晓蕊　　　制单：胡海阳

第三联　财务记账联

57 $\frac{1}{1}$

交通银行 BANK OF COMMUNICATIONS **电汇凭证（收账通知）** 4

☑普通 ☐加急　　委托日期 2016 年 12 月 28 日

汇款人	全称	上海吉隆商贸有限公司	收款人	全称	武汉欣达服装有限公司
	账号	310066030018884299488		账号	421866138018010008066
	汇出地点	上海市		汇入地点	湖北省武汉市
汇出行名称		交通银行徐家汇支行	汇入行名称		交通银行汉阳支行

金额	人民币（大写）	贰拾贰万陆仟捌佰元整	亿	千	百	十	万	千	百	十	元	角	分
					¥	2	2	6	8	0	0	0	0

交通银行汉阳支行 2016.12.28 转讫 汇出行签章	支付密码 附加信息及用途：购货款。 复核： 记账：

此联给收款人的收账通知

58 $\frac{1}{1}$

银行承兑汇票 2　　21810086

出票日期 贰零壹陆年壹拾贰月贰拾捌日　　05805941

出票人全称	阳光商贸有限公司	收款人	全称	武汉欣达服装有限公司
出票人帐号	32002001909000097240		帐号	421866138018010008066
付款行全称	工行丹水池支行		开户银行	交通银行汉阳支行

出票金额	人民币伍拾万元整（大写）	亿	千	百	十	万	千	百	十	元	角	分
				¥	5	0	0	0	0	0	0	0

汇票到期日（大写）	贰零壹柒年肆月零捌日	付款行	行号	32320095588
承兑协议编号	B01800100088		地址	武汉解放大道 2018 号
本汇票请你行承兑，到期无条件付款。 阳光商贸有限公司财务专用章　朝张印援 出票人签章	本汇票已经承兑，到期日由本行付款。 中国工商银行丹水池支行 2018180001818 汇票专用章 承兑行签章 承兑日期 年 月 日 备注：		复核 记帐	

此联收款人开户行随托收凭证寄付款行作借方凭证附件

（注：此单据为复印件）

59 $\frac{1}{1}$

建设 银 行 付 款 通 知 书

日期 2016-12-28

机构号 661061 交易代码 661881

单位名称：武汉欣达服装有限公司			
账号：42001218039053001402			
摘要 财务顾问费： 收费种类： 代收邮电费： 代收工本费： 手续费：50.00			
		金额合计	CNY50.00
金额合计（大写）	人民币伍拾元整		

注： 此付款通知书加盖我行业务公章方有效。

流水号 SSKKMND526 经办：6611408

建设银行汉阳支行 2016.12.28 转讫

60 $\frac{1}{4}$

4201111140 湖北增值税专用发票 № 01234568

抵扣联

开票日期：2016 年 12 月 26 日

购买方	名 称：武汉欣达服装有限公司 纳税人识别号：420105888580636 地 址、电 话：武汉市汉阳区莲花湖 5 号 027-50669898 开户行及帐号：交通银行汉阳支行 421866138018010008066			密码区	（省略）		
货物或应税劳务、服务名称	规格型号	单位	数 量	单 价	金 额	税率	税 额
水费		吨	130.00	3.0088496	391.15	13%	50.85
合 计					391.15		50.85
价税合计（大写）	⊗肆佰肆拾贰圆整				（小写）¥442.00		
销售方	名 称：武汉市自来水公司 纳税人识别号：420106888658778 地 址、电 话：武汉市中北路 8 号 027-63667866 开户行及帐号：建行中北路支行 420012180399481631			备注			

收款人： 复核：周博扬 开票人：葛贝贝 销售方：（章）

第二联 抵扣联 购买方扣税凭证

武汉市自来水公司 420106888658778 发票专用章

$60\frac{2}{4}$

4201111140　　湖北增值税专用发票　　№ 01234568

发票联

开票日期：2016 年 12 月 26 日

购买方	名　　称：武汉欣达服装有限公司 纳税人识别号：420105888580636 地 址、电 话：武汉市汉阳区莲花湖 5 号 027-50669898 开户行及帐号：交通银行汉阳支行　421866138018010008066				密码区	（省略）	
货物或应税劳务、服务名称	规格型号	单位	数 量	单 价	金 额	税率	税 额
水费		吨	130.00	3.0088496	391.15	13%	50.85
合　　计					391.15		50.85
价税合计（大写）	⊗肆佰肆拾贰圆整				（小写）￥442.00		
销售方	名　　称：武汉市自来水公司 纳税人识别号：420106888658778 地 址、电 话：武汉市中北路 8 号　027-63667866 开户行及帐号：建行中北路支行　4200121803994816569				备注		

收款人：　　复核：周博扬　　开票人：葛贝贝　　销售方：（章）

第三联　发票联　购买方记账凭证

$60\frac{3}{4}$

水费分配表

2016 年 12 月　　单位：元

部门	耗用量（吨）	单价	金额
生产车间	110		
行政管理部门	20		
合计			

复核：　　制单：

60 $\frac{4}{4}$

中国建设银行 China Construction Bank 特约托收凭证（付款通知）　5　№63827

委托日期 2016 年 12 月 28 日　　付款期限 2016 年 12 月 29 日

业务类型	委托收款（□邮划、☑电划）　托收承付（□邮划、□电划）					
付款人 全称	武汉欣达服装有限公司		收款人 全称	武汉市自来水公司		
付款人 账号	42001218039053001402		收款人 账号	42001218039948 16569		
付款人 地址	省武汉市县	开户行：建行汉阳支行	收款人 地址	省武汉市县	开户行：建行中北路支行	
金额 人民币（大写）	肆佰肆拾贰元整			亿千百十万千百十元角分	￥44200	
款项内容	水费	托收凭据名称	增值税专用发票	附寄单证张数	1	
商品发运情况			合同名称号码			
备注： 付款人开户银行收到日期： 2016 年 12 月 28 日 复核　记账	付款人开户银行签章 2016 年 12 月 29 日		付款人注意： 1. 根据支付结算办法，上述委托收款（托收承付）款项在付款期限内未提出拒付，即视为同意付款，以此代付款通知。 2. 如需提出全部或部分拒付，应在规定期限内，将拒付理由书并附债务证明退交开户银行。			

（印章：建设银行汉阳支行 2016年12月28日 转讫）

此联付款人开户银行给付款人按期付款通知

61 $\frac{1}{4}$

4201111140　　湖北增值税专用发票　　№ 01230483

抵扣联

开票日期：2016 年 12 月 27 日

购买方	名称：武汉欣达服装有限公司 纳税人识别号：420105888580636 地址、电话：武汉市汉阳区莲花湖 5 号 027-50669898 开户行及帐号：交通银行汉阳支行 421866138018010008066			密码区	（省略）		
货物或应税劳务、服务名称	规格型号	单位	数量	单价	金额	税率	税额
电费		吨	16500	0.8547009	14102.56	17%	2397.44
合计					14102.56		2397.44
价税合计（大写）	⊗壹万陆仟伍佰圆整				（小写）￥16500.00		
销售方	名称：武汉市供电公司 纳税人识别号：420106999866888 地址、电话：武昌友谊大道 188 号 027-61246688 开户行及帐号：建行友谊大道支行 4200121803995300666			备注			

收款人：　　复核：杨树　　开票人：赵艾　　销售方：（章）

（印章：武汉市供电公司 420106999866888 发票专用章）

第二联 抵扣联 购买方扣税凭证

61 $\frac{2}{4}$

4201111140　　湖北增值税专用发票　　№ 01230483

发票联

开票日期：2016 年 12 月 27 日

购买方	名　　称：武汉欣达服装有限公司 纳税人识别号：420105888580636 地 址、电 话：武汉市汉阳区莲花湖 5 号 027-50669898 开户行及帐号：交通银行汉阳支行　421866138018010008066			密码区	（省略）		
货物或应税劳务、服务名称	规格型号	单位	数 量	单 价	金 额	税率	税 额
电费		吨	16500	0.8547009	14102.56	17%	2397.44
合　　计					14102.56		2397.44
价税合计（大写）	⊗壹万陆仟伍佰圆整				（小写）￥16500.00		
销售方	名　　称：武汉市供电公司 纳税人识别号：420106999866888 地 址、电 话：武昌友谊大道 188 号　　027-61246688 开户行及帐号：建行友谊大道支行　4200121803995300666			备注			

收款人：　　复核：杨树　　开票人：赵雯　　销售方：（章）

第三联　发票联　购买方记账凭证

61 $\frac{3}{4}$

电费分配表

2016 年 12 月　　　　单位：元

部门	耗用量（度）	单价	金额
生产车间	16200		
行政管理部门	300		
合计			

复核：　　　　制单：

61 $\frac{4}{4}$

中国建设银行 China Construction Bank 特约托收凭证（付款通知）　5　№52184

委托日期 2016 年 12 月 28 日　　付款期限 2016 年 12 月 29 日

业务类型	委托收款（□邮划、√电划）　托收承付（□邮划、□电划）				
付款人	全称	武汉欣达服装有限公司	收款人	全称	武汉市供电公司
	账号	42001218039053001402		账号	42001218039953006666
	地址	省武汉市/县　开户行　建行汉阳支行		地址	省武汉市/县　开户行　建行友谊大道支行
金额	人民币（大写）壹万陆仟伍佰元整				亿 千 百 十 万 千 百 十 元 角 分：￥ 1 6 5 0 0 0 0
款项内容	电费	托收凭据名称	增值税专用发票	附寄单证张数	1
商品发运情况				合同名称号码	
备注： 付款人开户银行收到日期： 2016 年 12 月 28 日 复核　　记账	付款人开户银行签章 2016 年 12 月 29 日			付款人注意： 1. 根据支付结算办法，上述委托收款（托收承付）款项在付款期限内未提出拒付，即视为同意付款，以此代付款通知。 2. 如需提出全部或部分拒付，应在规定期限内，将拒付理由书并附债务证明退交开户银行。	

（印章：建设银行汉阳支行　2016年12月28日　转讫）

此联付款人开户银行给付款人按期付款通知

62 $\frac{1}{5}$

差旅费报销单

第　页

单位：　　填报日期：2016 年 12 月 29 日

出差人:李明						职务:销售经理		出差事由:参加服装展销会					所在部门:销售部		
起止时间及地址						飞机	火车	长途汽车	通宵乘车补助	伙食及市内交通补助			住宿费	其它	合计
月	日	起点	月	日	终点	金额	金额	金额	金额	天数	标准	金额	金额	金额	金额
12	17	武汉	12	17	广州		463.50								
12	19	广州	12	19	武汉		463.50			3	300	900	476.00		
小计							927.00					900.00	476.00		
预借金额	￥2800.00		报销金额		￥2303.00			应退金额		￥497.00			应补金额		

附单据共 3 张

单位负责人：（印章：李昌勇印）　财务主管：王梦莹　审核：何芬　经办人：李明

$62\ \frac{2}{5}$

108G097603

武 汉　　G1051 次 →　　广州南

Wuhan　　Guangzhounan

2016 年 12 月 17 日 07:45 开　04 车 028 号

￥ 463.50 元　　二等座

限乘当日当次车

4201051972＊＊＊＊0815 李明

买票请到 12306 发货请到 95306
中国铁路祝您旅途愉快

45062310790918F 088137　武汉站售

$62\ \frac{3}{5}$

E0005941

广州南　　G1106 次 →　　武汉

Guangzhounan　　Wuhan

2016 年 12 月 19 日 18:45 开　06 车 008 号

￥ 463.50 元　　二等座

限乘当日当次车

4201051972＊＊＊＊0815 李明

买票请到 12306 发货请到 95306
中国铁路祝您旅途愉快

45541216521 2118F 085654　广州南售

62 4/5

广东增值税普通发票

4100111140　　发票联　　№ 02134587

开票日期：2016 年 12 月 19 日

购买方	名　　称：武汉欣达服装有限公司 纳税人识别号：420105888580636 地 址、电 话：武汉市汉阳区莲花湖 5 号 027-50669898 开户行及帐号：交通银行汉阳支行　421866138018010008066			密码区	（省略）		
货物或应税劳务、服务名称	规格型号	单位	数 量	单 价	金 额	税率	税 额
住宿费		天	2	224.5283019	449.06	6%	26.94
合　　计					449.06		26.94
价税合计（大写）	⊗肆佰柒拾陆元整			（小写）¥476.00			
销售方	名　　称：广州乐逍遥商务酒店 纳税人识别号：410016852699881 地 址、电 话：广州市天河区天河路　020-81066666 开户行及帐号：交行天河分行　411866138018010009182			备注			

收款人：　　复核：孙尧尧　　开票人：李乐　　销售方：（章）

第二联 发票联 购买方记账凭证

62 5/5

武汉欣达服装有限公司现金收据

2016 年 12 月 29 日　　NO 80967

今收到　李明　交来　预借的差旅费 余　款

人民币（大写）肆佰玖拾柒元整

佰	万	千	百	十	元	角	分
		¥	4	9	7	0	0

备注：

收款单位（签章）　　出纳：孙晓玥　　制单：何 芬

第二联 记账联

（印章：武汉欣达服装有限公司财务专用章；现金收讫）

63 $\frac{1}{2}$

湖北省公益事业接受捐赠统一收据

2016 年 12 月 29 日　　　　NO 6892

捐赠者：武汉欣达服装有限公司	
捐赠项目：老人助步车	
捐赠金额（实物价值）大写 百 ⊗ 叁 万 零 仟 零 佰 零 拾 零 元 零 角 零 分	
小写	百 十 万 千 百 十 元 角 分：¥ 3 0 0 0 0 0 0
货币种类：人民币	

百	十	万	千	百	十	元	角	分
	¥	3	0	0	0	0	0	0

收款单位（签章）汉阳区社会福利院财务专用章　　　　经手人：王红

第三联 捐赠者

63 $\frac{2}{2}$

交通银行
转账支行存根
30104215

深圳阳光印刷有限公司·2015年印制

00143968

附加信息

出票日期 2016 年 12 月 29 日

收款人：	汉阳区社会福利院
金　额：	¥30000.00
用　途：	捐款

单位主管：　　　会计：

$64\frac{1}{4}$

42011367433 湖北增值税普通发票 № 56457224

发票联

开票日期：2016 年 12 月 30 日

购买方	名 称：武汉欣达服装有限公司 纳税人识别号：420105888580636 地 址、电 话：武汉市汉阳区莲花湖 5 号 027-50669898 开户行及帐号：交通银行汉阳支行 42186613801801000806				密码区	（省略）	
货物或应税劳务、服务名称	规格型号	单位	数 量	单 价	金 额	税率	税 额
蓝大褂(含帽)		套	20.00	46.6019417	932.04	3%	27.96
合 计					932.04		27.96
价税合计（大写）	⊗玖佰陆拾圆整				（小写）￥960.00		
销售方	名 称：北湖劳保服装公司 纳税人识别号：4201054587651 地 址、电 话：武汉市汉阳区北湖街 027-85467858 开户行及帐号：招商银行江汉分行 456456346476586				备注	北湖劳保服装公司 4201054587651 发票专用章	

收款人： 复核：苏钢 开票人：付红 销售方：（章）

第二联 发票联 购买方记账凭证

$64\frac{2}{4}$

武汉欣达服装有限公司材料入库单

编号：0748

供应单位：北湖劳保服装公司 2016 年 12 月 30 日 仓库：原材库

材料名称	规格	计量单位	数量		实际成本					
			应收	实收	买价		运杂费	其它	合计	单位成本
					单价	金额				
蓝大褂（含帽）		件		20	48.00	960.00	0.00		960.00	48.00
合 计				20					960.00	

第三联 财务记账联

记账： 采购员：彭强 保管员：张虹

64 $\frac{3}{4}$

武汉欣达服装有限公司领料单

领用部门：生产车间

用途：生产车间一般耗材　　　　2016 年 12 月 30 日　　　　编号：068419

编号	材料名称	规格	计量单位	数量		金额	
				请领	实发	单价	总额
	蓝大褂（含帽）		套	20	20	48.00	960.00
	合计						960.00

第二联　财务记账联

发料人：　　　记账：　　　领料部门负责人：杨松　　　领料人：秦天

64 $\frac{4}{4}$

交通银行
转账支行存根
30104215

深圳阳光印刷有限公司·2015年印制

00143969

附加信息

出票日期 2016 年 12 月 30 日

收款人：	北湖劳保服装公司
金　额：	¥960.00
用　途：	购蓝大褂

单位主管：　　　会计：

65 1/3

4201111140　　湖北增值税普通发票　　№ 01235678

发票联

开票日期：2016年12月30日

购买方	名　　称：武汉欣达服装有限公司 纳税人识别号：420105888580636 地 址、电 话：武汉市汉阳区莲花湖5号 027-50669898 开户行及帐号：交通银行汉阳支行　421866138018010008066	密码区	（省略）				
货物或应税劳务、服务名称	规格型号	单位	数量	单价	金额	税率	税额
干粉灭火器	4KG	具	12	64.0776699	768.93	3%	23.07
合　　计					768.93		23.07
价税合计（大写）	⊗柒佰玖拾贰圆整			（小写）￥792.00			
销售方	名　　称：武汉安宇消防设备有限公司 纳税人识别号：420124875435789 地 址、电 话：武昌友谊大道88号　027-86246688 开户行及帐号：建行友谊支行　4200121803995345678	备注	武汉安宇消防设备有限公司 420124875435789 发票专用章				

收款人：　　复核：刘开芬　　开票人：高华　　销售方：（章）

第三联　发票联　购买方记账凭证

65 2/3

灭火器　分配表

2016年12月30日　　　　单位：元

部门	数量（具）	单价	金额
生产车间	9		
行政管理部门	3		
合计			792.00

复核：王梦莹　　制单：何 芬

$65\frac{3}{3}$

深圳阳光印刷有限公司·2015年印制

交通银行
转账支票存根
30104215

00143970

附加信息

出票日期 2016 年 12 月 30 日

收款人：武汉安宇消防设备有限公司	
金　额：￥792. 00	
用　途：购灭火器	

单位主管：　　会计：

$66\frac{1}{6}$

武汉欣达服装有限公司零星费用报销单

部门: 厂办　　　　填报日期: 2016 年 12 月 30 日

费用项目	单据张数	金　额
汽油费	5	1000.00
小　计		1000.00
金额合计(大写)　拾 ⊗万 壹 仟 零 佰 零 拾 零 元 零 角 零分		

现金付讫

财务主管: 王梦莹　　部门负责人: 李莫愁　　经办人: 常 江

66 $\frac{2}{6}$

道达尔石油（武汉）有限公司发票

全国统一发票监制章　湖北　国家税务总局监制

发　票　联

发票代码　142011561020

发票号码　03030045

客户名称：

品名	单价	数量	金额
乙醇93#汽油	5.75	34.783	200.00

实收金额：　200.00元

大写金额：贰佰元整

交易时间：2016/12/01 08:26:31

交易地点：道达尔石油（武汉）有限公司

莲花湖加油站

电话：86680066

收银员：许伟

道达尔石油（武汉）有限公司　420104616424442　发票专用章

注：发票金额超万元无效

66 $\frac{3}{6}$

道达尔石油（武汉）有限公司发票

全国统一发票监制章　湖北　国家税务总局监制

发　票　联

发票代码　142011561020

发票号码　03031945

客户名称：武汉欣达服装有限公司

品名	单价	数量	金额
乙醇93#汽油	5.75	34.783	200.00

实收金额：　200.00元

大写金额：贰佰元整

交易时间：2016/12/09 16:04:58

交易地点：道达尔石油（武汉）有限公司

莲花湖加油站

电话：86680066

收银员：许伟

道达尔石油（武汉）有限公司　420104616424442　发票专用章

注：发票金额超万元无效

$66\frac{4}{6}$

中国石化

中国石化销售有限公司湖北石油分公司发票

发 票

发票代码 1 4 2 0 1 1 6 9 9 0 3 9

发票号码 0 2 8 8 1 4 8 7

客户名称：武汉欣达服装有限公司

开票日期：2016-12-16 08:16:19

开票人：桂桦

商品名称	单价	数量	金额
93号车用乙醇汽油	5.75	34.783	200.00

小写合计：200.00

大写合计：贰佰元整

收款单位：中国石化销售有限公司湖北武汉室友分公司

加油站编码：

发票号码：02881487

机器编号：001

加中国石化油 奔小康幸福路

鄂国税征票印字516030405号仙福纸业16年3月印

$66\frac{5}{6}$

中国石化

中国石化销售有限公司湖北石油分公司发票

发 票

发票代码 1 4 2 0 1 1 6 9 9 0 3 9

发票号码 0 2 8 8 2 8 8 0

客户名称：武汉欣达服装有限公司

开票日期：2016-12-23 08:24:29

开票人：王顺

商品名称	单价	数量	金额
93号车用乙醇汽油	5.75	34.783	200.00

小写合计：200.00

大写合计：贰佰元整

收款单位：中国石化销售有限公司湖北武汉室友分公司

加油站编码：

发票号码：02882880

机器编号：001

鄂国税征票印字516030405号仙福纸业16年3月印

66 $\frac{6}{6}$

中国石化

中国石化销售有限公司湖北石油分公司发票

湖北省

发 票 联

发票代码 1 4 2 0 1 1 6 9 9 0 3 9

发票号码 0 2 8 8 3 8 5 3

客户名称： 武汉欣达服装有限公司

开票日期：2016-12-30 11:42:19

开票人： 桂桦

商品名称	单价	数量	金额
93号车用乙醇汽油	5.75	34.783	200.00

小写合计： 200.00

大写合计：贰佰元整

收款单位：中国石化销售有限公司湖北武汉宝友分公司

加油站编码：

发票号码：02883853

机器编号：001

420104722002083

发票专用章

鄂国税征票印字5160304005号仙福纸业16年3月印

67 $\frac{1}{5}$

武汉欣达服装有限公司零星费用报销单

部门：厂办　　填报日期：2016年12月30日

费用项目	单据张数	金　　额
招待费	3	1760.00
小　计		1760.00
金额合计(大写)　⊗壹仟柒佰陆拾零元零角零分		

现金付讫

财务主管：王梦莹　　部门负责人：李莫愁　　经办人：常江

67 $\frac{2}{5}$

深圳阳光印刷有限公司·2015年印制

交通银行
现金支票存根
30104210

00132495

附加信息

出票日期2016年12月30日

收款人：武汉欣达服装有限公司
金　额：￥1760.00
用　途：备用金

单位主管：　　会计：

67 $\frac{3}{5}$

湖北省国家税务局通用机打发票

全国统一发票监制章 湖北 国家税务总局监制

发　票　联

发票代码 242011400744
发票号码：03467008

客户名称：武汉欣达服装有限公司
开票日期：2016-12-18
机打号码：03467008
机器编号：0318778862744
收款单位：武汉风秦酒店管理有限公司

税号：420105566877928

项目名称	单价	数量	金额
餐饮费	460.00	1.00	460.00

武汉风秦酒店管理有限公司 420105566877928 发票专用章

金额合计（小写）￥460.00
金额合计（大写）肆佰陆拾元整
税控码：3866 1432 9719 6802 1715
开票人：李秋天

$67\frac{4}{5}$

湖北省国家税务局通用机打发票

发　票　联

发票代码 242011105030
发票号码：16749748

客户名称：武汉欣达服装有限公司
开票日期：2016-12-23
机打号码：16749748
机器编号：0264567883599
收款单位：楚乡轩餐饮管理有限公司

税号：　420105558443451X

项目名称	单价	数量	金额
餐饮费	558.00	1.00	558.00

金额合计（小写）￥558.00
金额合计（大写）伍佰伍拾捌元整
税控码：2112 0541 3401 8599 4808
开票人：梅梅

$67\frac{5}{5}$

湖北省国家税务局通用机打发票

发　票　联

发票代码 242011105030
发票号码：15583216

客户名称：武汉欣达服装有限公司
开票日期：2016-12-29
机打号码：15583216
机器编号：008020006801
收款单位：荆沙餐饮管理有限公司

税号：　420106599631642

项目名称	单价	数量	金额
餐饮费	742.00	1.00	742.00

金额合计（小写）￥742.00
金额合计（大写）柒佰肆拾贰元整
税控码：2285 0564 5827 3369 1168
开票人：周小南

$68\frac{1}{4}$

武汉欣达服装有限公司零星费用报销单

部门：　　　　　　　　　　填报日期：2016 年 12 月 30 日

费用项目	单据张数	金　额
食堂生活费	3	49710.00
小计		¥49710.00
金额合计（大写）⊗肆万玖仟柒佰壹拾元整		

财务主管：王梦莹　　部门负责人：李莫愁　　经办人：常　江

$68\frac{2}{4}$

武汉欣达服装有限公司考勤统计表

2016 年 12 月份

部门	车　间	厂　部	合　计
人次	2651	663	3314

复核：王梦莹　　制单：常　江

68 3/4

武汉欣达服装有限公司 现金收据

2016 年 12 月 30 日　　　　NO 80968

今收到 常江 交来 预借的生活费 余 款

人民币（大写）贰佰玖拾元整

佰	万	千	百	十	元	角	分
		¥	2	9	0	0	0

备注：

收款单位（签章） 武汉欣达服装有限公司财务专用章　　出纳：孙晓玥　　制单：何 芬

现金收讫

第二联 记账联

68 4/4

生活费用分配表

2016 年 12 月　　　　单位：元

部门	人次	标准	金额
车间			
厂部管理部门			
合计			

复核：　　　　制单：

69 $\frac{1}{1}$

固定资产折旧计算表

2016 年 12 月　　　　单位：元

使用部门	固定资产项目	上月折旧额	上月增加固定资产		上月减少固定资产		本月折旧额	分配费用
			原价	折旧额	原价	折旧额		
车间	机器设备其他	1501．00					1501．00	制造费用
	其他	420．33					420．33	
	小计	1921．33					1921．33	
厂部管理部门	运输工具其他	7639．58					7639．58	管理费用
	其他	527．03					527．03	
	小计	8166．61					8166．61	
合计		10087. 94					10087. 94	

复核：王梦莹　　　　制单：何　芬

70 $\frac{1}{1}$

工资结算汇总表

2016 年 12 月　　　　单位：元

名称	应发数	应扣数						实发数
		个人所得税	养老保险	失业保险	医疗保险	公积金	合计	
生产 A 产品	209000. 00							209000. 00
生产 B 产品	171000. 00							171000. 00
车间管理人员	16000. 00							16000. 00
销售人员	50000. 00	36. 80					36. 80	49963. 20
厂部管理人员	88000. 00	69. 50	2103. 04	67. 76	508. 00	4400. 00	7148. 30	80851. 70
合计	534000. 00	106. 30	2103. 04	67. 76	508. 00	4400. 00	7185. 10	526814. 90

复核：王梦莹　　　　制单：何　芬

71 $\frac{1}{1}$

工会经费计算表

2016 年 12 月 31 日　　单位：元

部　　门	月应付工资	计提比例	计提金额
生产 A 产品	209000.00	2%	
生产 B 产品	171000.00	2%	
车间管理人员	16000.00	2%	
销售人员	50000.00	2%	
厂部管理人员	88000.00	2%	
合计	534000.00		

复核：　　制单：

72 $\frac{1}{1}$

管理部门社会保险费计算表

2016 年 12 月　　单位：元

项　目	缴费基数/人	企业缴费比例	企业缴费金额/人	缴费人数	企业缴费金额
养老保险	3286.00	19%	624.34	8	4994.72
失业保险	2824.90	0.7%	19.77	8	158.16
医疗保险	2824.90	8%	225.99	8	1807.92
生育保险	2824.90	0.7%	19.77	8	158.16
工伤保险	2824.90	0.48%	13.56	8	108.48
合计		28.88%			7227.44

复核：王梦莹　　制单：何　芬

73 $\frac{1}{1}$

住房公积金计算表

2016 年 12 月　　　　单位：元

部　门	应付工资	计提比例	计提金额
管理人员	88000.00	5%	4400.00
合计			4400.00

复核：王梦莹　　　　制单：何　芬

74 $\frac{1}{3}$

4200161320　　湖北增值税普通发票　　№　06914681

此联不作报销、扣税凭证使用　　开票日期：2016 年 12 月 30 日

<table>
<tr><td>购买方</td><td colspan="5">名　　称：何芬 等
纳税人识别号：
地 址、电 话：
开户行及帐号：</td><td>密码区</td><td colspan="3">（省略）</td></tr>
<tr><td colspan="2">货物或应税劳务、服务名称</td><td>规格型号</td><td>单位</td><td>数 量</td><td>单 价</td><td>金 额</td><td>税率</td><td>税 额</td><td></td></tr>
<tr><td colspan="2">C 产品</td><td></td><td>件</td><td>10</td><td>128.2051282</td><td>1282.05</td><td>17%</td><td>217.95</td><td></td></tr>
<tr><td colspan="2">D 产品</td><td></td><td>件</td><td>10</td><td>170.9401717</td><td>1709.40</td><td>17%</td><td>290.60</td><td></td></tr>
<tr><td colspan="2">合　计</td><td></td><td></td><td></td><td></td><td>2991.45</td><td></td><td>508.55</td><td></td></tr>
<tr><td colspan="2">价税合计（大写）</td><td colspan="8">⊗叁仟伍佰圆整　　　（小写）￥3500.00</td></tr>
<tr><td>销售方</td><td colspan="5">名　　称：武汉欣达服装有限公司
纳税人识别号：420105888580636
地 址、电 话：武汉市汉阳区莲花湖 5 号 027-50669898
开户行及帐号：交通银行汉阳支行　421866138018010008066</td><td>备注</td><td colspan="3">武汉欣达服装有限公司 420105888580636 发票专用章</td></tr>
</table>

第一联　记账联　销售方记账凭证

收款人：　　复核：王梦莹　　开票人：何芬　　销售方：（章）

74 $\frac{2}{3}$

武汉欣达服装有限公司商品出库单

商品类别：__________　　　　　　　　　　　　　　编号：9080448

购货单位：何芬等　　2016 年 12 月 30 日　　　　　　仓库：

商品编号	商品名称	规格	计量单位	数量	单价	金额	备注
	C 产品		件	10			
	D 产品		件	10			
	合计			20			

第二联 财务记账联

仓库主管：刘志高　　记账：　　出库：赵晓蕊　　制单：胡海阳

74 $\frac{3}{3}$

武汉欣达服装有限公司 现金收据

2016 年 12 月 30 日　　　　　　NO 80969

今收到 何芬 等 交来 购货 款

人民币（大写）叁仟伍佰元整

现金收讫

佰	万	千	百	十	元	角	分
	¥	3	5	0	0	0	0

备注：

收款单位（签章）武汉欣达服装有限公司财务专用章　　出纳：孙晓玥　　制单：何 芬

第二联 记账联

$75\frac{1}{1}$

交通银行 BANK OF COMMUNICATIONS　现金交款单

币别：人民币　　2016 年 12 月 30 日　　流水号：

单位填写	收款单位	武汉欣达服装有限公司	交款人	武汉欣达服装有限公司
	账　号	4218661380180100080066	款项来源	货款

（大写）叁仟伍佰元整	亿	千	百	十	万	千	百	十	元	角	分
					¥	3	5	0	0	0	0

银行确认栏

收款人账号：
收款人户名：
缴款人名称：

交易码	收付	金额
11201		

收入金额：
实收金额：
交易日期：2016 年 12 月 30 日

交通银行汉阳支行
2016.12.30
转讫

付出金额：
现金回单（无银行签章此单无效）

复核　　录入　　出纳

$76\frac{1}{15}$

发料凭证汇总表

2016 年 12 月 31 日　　单位：元

材料名称	计量单位	单位成本	A 产品		B 产品		合计
			数量	金额	数量	金额	
甲面料							
乙面料							
里料							
纽扣							
吊牌							
拉链							
缝衣线							
标签							
合计							

复核：　　制单：

76 $\frac{2}{15}$

发料凭证汇总表

2016 年 12 月 31 日　　　　单位：元

材料名称	计量单位	单位成本	车间一般耗用		管理部门耗用		合计
			数量	金额	数量	金额	
甲面料							
乙面料							
里料							
纽扣							
吊牌							
拉链							
缝衣线							
标签							
合计							

复核：　　　　制单：

76 $\frac{3}{15}$

武汉欣达服装有限公司领料单

领用部门：生产车间

用途：生产 A 产品　　　　2016 年 12 月 1 日　　　　编号：068401

编号	材料名称	规格	计量单位	数　量		金　额	
				请领	实发	单价	总额
	甲面料		米	1000	1000		
	里料		米	800	800		
	合计						

第二联　财务记账联

发料人：张　虹　　记账：　　领料部门负责人：杨　松　　领料人：秦　天

$76\frac{4}{15}$

武汉欣达服装有限公司领料单

领用部门：生产车间

用途：车间一般耗用　　2016 年 12 月 1 日　　编号：068403

编号	材料名称	规格	计量单位	数量		金额	
				请领	实发	单价	总额
	缝衣线		筒	204	204		
	合计				204		

第二联　财务记账联

发料人：张　虹　　记账：　　领料部门负责人：杨　松　　领料人：秦　天

$76\frac{5}{15}$

武汉欣达服装有限公司领料单

领用部门：生产车间

用途：生产 B 产品　　2016 年 12 月 1 日　　编号：068404

编号	材料名称	规格	计量单位	数量		金额	
				请领	实发	单价	总额
	乙面料		米	1000	1000		
	里料		米	800	800		
	合计						

第二联　财务记账联

发料人：张　虹　　记账：　　领料部门负责人：杨　松　　领料人：秦　天

76 6/15

武汉欣达服装有限公司领料单

领用部门：生产车间

用途：生产 B 产品　　2016 年 12 月 2 日　　编号：068405

编号	材料名称	规格	计量单位	数量		金额	
				请领	实发	单价	总额
	拉链		根	1800	1800		
	标签		个	1800	1800		
	合计						

第二联 财务记账联

发料人：张 虹　　记账：　　领料部门负责人：杨 松　　领料人：秦 天

76 7/15

武汉欣达服装有限公司领料单

领用部门：生产车间

用途：生产 A 产品　　2016 年 12 月 2 日　　编号：068407

编号	材料名称	规格	计量单位	数量		金额	
				请领	实发	单价	总额
	纽扣		颗	6000	6000		
	标签		个	1000	1000		
	合计						

第二联 财务记账联

发料人：张 虹　　记账：　　领料部门负责人：杨 松　　领料人：秦 天

$76\frac{8}{15}$

武汉欣达服装有限公司领料单

领用部门：生产车间

用途：生产 A 产品　　　　2016 年 12 月 8 日　　　　编号：068408

编号	材料名称	规格	计量单位	数　量		金　额	
				请领	实发	单价	总额
	甲面料		米	1000	1000		
	里料		米	800	800		
	合计						

第二联　财务记账联

发料人：张　虹　　　记账：　　　领料部门负责人：杨　松　　　领料人：秦　天

$76\frac{9}{15}$

武汉欣达服装有限公司领料单

领用部门：生产车间

用途：生产 A 产品　　　　2016 年 12 月 8 日　　　　编号：068409

编号	材料名称	规格	计量单位	数　量		金　额	
				请领	实发	单价	总额
	纽扣		颗	8800	8800		
	标签		个	1100	1100		
	合计						

第二联　财务记账联

发料人：张　虹　　　记账：　　　领料部门负责人：杨　松　　　领料人：秦　天

$76\frac{10}{15}$

武汉欣达服装有限公司领料单

领用部门：生产车间

用途：生产B产品　　2016年12月8日　　编号：068410

编号	材料名称	规格	计量单位	数量		金额	
				请领	实发	单价	总额
	乙面料		米	1000	1000		
	里料		米	800	800		
	合计						

第二联 财务记账联

发料人：张　虹　　记账：　　领料部门负责人：杨　松　　领料人：秦　天

$76\frac{11}{15}$

武汉欣达服装有限公司领料单

领用部门：生产车间

用途：车间一般耗用　　2016年12月10日　　编号：068411

编号	材料名称	规格	计量单位	数量		金额	
				请领	实发	单价	总额
	缝衣线		筒	204	204		
	合计				204		

第二联 财务记账联

发料人：张　虹　　记账：　　领料部门负责人：杨　松　　领料人：秦　天

$76\frac{12}{15}$

武汉欣达服装有限公司领料单

领用部门：生产车间

用途：生产 A 产品　　　　2016 年 12 月 7 日　　　　编号：068413

编号	材料名称	规格	计量单位	数量		金额	
				请领	实发	单价	总额
	甲面料		米	700	700		
	里料		米	600	600		
	合计						

第二联　财务记账联

发料人：张　虹　　记账：　　领料部门负责人：杨　松　　领料人：秦　天

$76\frac{13}{15}$

武汉欣达服装有限公司领料单

领用部门：生产车间

用途：生产 A 产品　　　　2016 年 12 月 22 日　　　　编号：068414

编号	材料名称	规格	计量单位	数量		金额	
				请领	实发	单价	总额
	甲面料		米	500	500		
	里料		米	400	400		
	合计						

第二联　财务记账联

发料人：张　虹　　记账：　　领料部门负责人：杨　松　　领料人：秦　天

$76\frac{14}{15}$

武汉欣达服装有限公司领料单

领用部门：生产车间

用途：车间一般耗用　　　　2016 年 12 月 22 日　　　　编号：068415

编号	材料名称	规格	计量单位	数　量		金　额	
				请领	实发	单价	总额
	缝衣线		筒	94	94		
	合计						

第二联　财务记账联

发料人：张　虹　　记账：　　领料部门负责人：杨　松　　领料人：秦　天

$76\frac{15}{15}$

武汉欣达服装有限公司领料单

领用部门：生产车间

用途：生产 B 产品　　　　2016 年 12 月 27 日　　　　编号：068418

编号	材料名称	规格	计量单位	数　量		金　额	
				请领	实发	单价	总额
	乙面料		米	700	700		
	里料		米	600	600		
	合计						

第二联　财务记账联

发料人：张　虹　　记账：　　领料部门负责人：杨　松　　领料人：秦　天

77 $\frac{1}{5}$

销售领料汇总表

2016 年 12 月 31 日　　单位：元

材料名称	数量	单位成本	金额
吊牌			
包装袋			
包装箱			
合计			

复核：　　　　制单：

77 $\frac{2}{5}$

武汉欣达服装有限公司领料单

领用部门：业务部

用途：销售商品领用　　2016 年 12 月 3 日　　编号：068402

编号	材料名称	规格	计量单位	数量		金额	
				请领	实发	单价	总额
	吊牌		套	1000	1000		
	包装袋		个	1000	1000		
	包装箱		个	20	20		
	合计						

第二联 财务记账联

发料人：张　虹　　记账：　　领料部门负责人：李　明　　领料人：秦　天

$77\frac{3}{5}$

武汉欣达服装有限公司领料单

领用部门：业务部

用途：销售商品领用　　　　2016 年 12 月 10 日　　　　编号：068406

编号	材料名称	规格	计量单位	数量		金额	
				请领	实发	单价	总额
	吊牌		套	1000	1000		
	包装袋		个	1000	1000		
	包装箱		个	20	20		
	合计						

第二联 财务记账联

发料人：张　虹　　　记账：　　　领料部门负责人：李　明　　　领料人：秦　天

$77\frac{4}{5}$

武汉欣达服装有限公司领料单

领用部门：业务部

用途：销售商品领用　　　　2016 年 12 月 17 日　　　　编号：068412

编号	材料名称	规格	计量单位	数量		金额	
				请领	实发	单价	总额
	吊牌		套	1000	1000		
	包装袋		个	1000	1000		
	包装箱		个	20	20		
	合计						

第二联 财务记账联

发料人：张　虹　　　记账：　　　领料部门负责人：李　明　　　领料人：秦　天

77 $\frac{5}{5}$

武汉欣达服装有限公司领料单

领用部门：业务部

用途：销售商品领用　　　　2016 年 12 月 24 日　　　　编号：068417

编号	材料名称	规格	计量单位	数　量		金　额	
				请领	实发	单价	总额
	吊牌		套	900	900		
	包装袋		个	900	900		
	包装箱		个	18	18		
	合计						

第二联　财务记账联

发料人：张　虹　　记账：　　领料部门负责人：李　明　　领料人：秦　天

78 $\frac{1}{1}$

制造费用分配表

2016 年 12 月 31 日

产品名称	生产工人工资	分配率	分配额（元）
A 产品			
B 产品			
合计			

复核：　　　　制单：

$79\frac{1}{12}$

产品成本计算表

产品名称：A 产品（全部入库）　　2016 年 12 月 31 日　　产品数量：________

成本项目	直接材料费	直接人工费	制造费用	生产成本合计
总成本（元）				
单位成本（元）				

复核：　　制单：

$79\frac{2}{12}$

产品成本计算表

产品名称：B 产品（部分入库）　　2016 年 12 月 31 日　　产品数量：________

成本项目	直接材料费	直接人工费	制造费用	生产成本合计
总成本（元）	114219.02	177068.72	50562.26	341850.00
单位成本（元）				

复核：　　制单：

79 $\frac{3}{12}$

武汉欣达服装有限公司产品入库单

缴库单位：生产车间　　　　2016 年 12 月 4 日　　　　编号：088301

产品编号	产品名称	规格	计量单位	数量	单价	金额	备注
	A 产品		件	400			
	合计			400			

第二联　财务记账联

仓库主管：刘志高　　　　记账：　　　　验收：赵晓蕊　　　　缴库：夏　荷

79 $\frac{4}{12}$

武汉欣达服装有限公司产品入库单

缴库单位：生产车间　　　　2016 年 12 月 5 日　　　　编号：088302

产品编号	产品名称	规格	计量单位	数量	单价	金额	备注
	B 产品		件	400			
	合计			400			

第二联　财务记账联

仓库主管：刘志高　　　　记账：　　　　验收：赵晓蕊　　　　缴库：夏　荷

79 $\frac{5}{12}$

武汉欣达服装有限公司产品入库单

缴库单位：生产车间　　2016 年 12 月 10 日　　编号：088303

产品编号	产品名称	规格	计量单位	数量	单价	金额	备注
	A 产品		件	400			
	合计			400			

第二联　财务记账联

仓库主管：刘志高　　记账：　　验收：赵晓蕊　　缴库：夏　荷

79 $\frac{6}{12}$

武汉欣达服装有限公司产品入库单

缴库单位：生产车间　　2016 年 12 月 13 日　　编号：088304

产品编号	产品名称	规格	计量单位	数量	单价	金额	备注
	B 产品		件	400			
	合计			400			

第二联　财务记账联

仓库主管：刘志高　　记账：　　验收：赵晓蕊　　缴库：夏　荷

$79\frac{7}{12}$

武汉欣达服装有限公司产品入库单

缴库单位：生产车间　　2016 年 12 月 16 日　　编号：088305

产品编号	产品名称	规格	计量单位	数量	单价	金额	备注
	A 产品		件	400			
	合计			400			

第二联　财务记账联

仓库主管：刘志高　　记账：　　验收：赵晓蕊　　缴库：夏　荷

$79\frac{8}{12}$

武汉欣达服装有限公司产品入库单

缴库单位：生产车间　　2016 年 12 月 20 日　　编号：088306

产品编号	产品名称	规格	计量单位	数量	单价	金额	备注
	A 产品		件	400			
	合计			400			

第二联　财务记账联

仓库主管：刘志高　　记账：　　验收：赵晓蕊　　缴库：夏　荷

79 $\frac{9}{12}$

武汉欣达服装有限公司产品入库单

缴库单位：生产车间　　　　2016 年 12 月 22 日　　　　编号：088307

产品编号	产品名称	规格	计量单位	数量	单价	金额	备注
	B 产品		件	400			
	合计			400			

第二联　财务记账联

仓库主管：刘志高　　　记账：　　　验收：赵晓蕊　　　缴库：夏　荷

79 $\frac{10}{12}$

武汉欣达服装有限公司产品入库单

缴库单位：生产车间　　　　2016 年 12 月 25 日　　　　编号：088308

产品编号	产品名称	规格	计量单位	数量	单价	金额	备注
	A 产品		件	400			
	合计			400			

第二联　财务记账联

仓库主管：刘志高　　　记账：　　　验收：赵晓蕊　　　缴库：夏　荷

$79\frac{11}{12}$

武汉欣达服装有限公司产品入库单

缴库单位：生产车间　　　　2016 年 12 月 28 日　　　　编号：088309

产品编号	产品名称	规格	计量单位	数量	单价	金额	备注
	A 产品		件	100			
	B 产品		件	300			
	合计			400			

第二联　财务记账联

仓库主管：刘志高　　　　记账：　　　　验收：赵晓蕊　　　　缴库：夏　荷

$79\frac{12}{12}$

武汉欣达服装有限公司产品入库单

缴库单位：生产车间　　　　2016 年 12 月 31 日　　　　编号：088310

产品编号	产品名称	规格	计量单位	数量	单价	金额	备注
	B 产品		件	220			
	合计			220			

第二联　财务记账联

仓库主管：刘志高　　　　记账：　　　　验收：赵晓蕊　　　　缴库：夏　荷

$80\frac{1}{1}$

存货盘点表

2016 年 12 月 31 日

材料名称	计量单位	数量		单价	盘盈		盘亏		原因
		账存	实存		数量	金额	数量	金额	
缝衣线	筒	368	358				10		待查
合计		368	358				10		

审核：王梦莹　　　　领导签字：　　　　制表：何 芬

2016 年 12 月 31 日　　　　2016 年 12 月 31 日　　　　2016 年 12 月 31 日

$81\frac{1}{1}$

增值税转出计算表

2016 年 12 月 31 日　　　　单位：元

序号	项目	金额
1	期初留底进项税额	
2	本期进项税额合计	
3	本期销项税额合计	
	期末应转出的增值税额［3－（1＋2）］	

复核：　　　　制单：

82 $\frac{1}{1}$

附加税费计算表

2016 年 12 月 31 日　　　　单位：元

税费种类	计税依据	税率（征收率）	应纳税（费）额
城市维护建设税		7%	
教育费附加		3%	
地方教育费附加		2%	
合计			

复核：　　　　制单：

83 $\frac{1}{2}$

4200162320　　**湖北增值税普通发票**　　№ 19110229

发票联

开票日期：2016 年 12 月 31 日

购买方	名　　称：武汉欣达服装有限公司 纳税人识别号：420105888580636 地 址、电 话：武汉市汉阳区莲花湖 5 号 027-50669898 开户行及帐号：交通银行汉阳支行 421866138018010008066	密码区	（省略）

货物或应税劳务、服务名称	规格型号	单位	数量	单价	金额	税率	税额
财产火灾保险费		单	1	26226.42	26226.42	6%	1573.58
合　计					26226.42		1573.58
价税合计（大写）	⊗贰万柒仟捌佰元整				（小写）￥27800.00		

销售方	名　　称：长江财产保险股份有限公司 纳税人识别号：914201000668155360 地 址、电 话：武汉东湖新技术开发区鲁巷 1 号 027-83766666 开户行及帐号：工商银行武汉黄埔支行 320200162920001797	备注	

收款人：　　复核：　　开票人：李 青　　销售方：（章）

第二联：发票联 购买方记账凭证

$83\ \frac{2}{2}$

深圳阳光印刷有限公司·2015年印制

建设银行
转账支票存根
10504230

00216395

附加信息

出票日期 2016 年 12 月 31 日

收款人：长江财产保险股份公司
金　额：￥27800.00
用　途：财产火灾保险费

单位主管　　会计

$84\ \frac{1}{1}$

产品销售成本计算表

2016 年 12 月 31 日　　　　单位：元

产品名称	计量单位	销售数量	单位成本	总成本
A 产品	件			
B 产品	件			
C 产品	件			
D 产品	件			
E 产品	件			
F 产品	件			
合计				

复核：　　　　　　制单：

$85\ \frac{1}{1}$

材料销售成本计算表

2016 年 12 月 31 日　　单位：元

材料名称	计量单位	销售数量	单位成本	总成本
A 面料	米			
B 面料	米			
C 面料	米			
合计				

复核：　　　　制单：

$86\ \frac{1}{2}$

存 货 盘 点 表

2016 年　12 月　31 日

材料名称	计量单位	数量		单价	盘盈		盘亏		原因
		账存	实存		数量	金额	数量	金额	
缝衣线	筒	368	358				10		管理不善
合计		368	358				10		

审核：王梦莹　　领导签字：由保管员张虹负责赔偿　　制表：何 芬

2016 年 12 月 31 日　　2016 年 12 月 31 日 李勇印昌　　2016 年 12 月 31 日

86 $\frac{2}{2}$

武汉欣达服装有限公司 现金收据

2016 年 12 月 31 日　　　　NO 80970

今收到 张虹 交来 缝衣线盘亏赔偿 款

人民币（大写）玖拾叁元陆角整

现金收讫

武汉欣达服装有限公司财务专用章

佰	万	千	百	十	元	角	分
			¥	9	3	6	0

备注：

收款单位（签章）　　出纳：孙晓玥　　制单：何 芬

第二联 记账联

87 $\frac{1}{1}$

损益类账户结转表

2016 年 12 月　　　　单位：元

摘要	损益项目	结转前贷方余额
结转主营业务收入	主营业务收入	
	——A 产品	
	——B 产品	
	——C 产品	
	——D 产品	
	——E 产品	
	——F 产品	
结转其他业务收入	其他业务收入	
结转营业外收入	营业外收入	
合计		

复核：　　　　制单：

$88\ \frac{1}{1}$

损益类账户结转表

2016 年 12 月　　　　　　单位：元

摘要	损益项目	结转前借方余额
结转主营业务成本	主营业务成本	
	——A 产品	
	——B 产品	
	——C 产品	
	——D 产品	
	——E 产品	
	——F 产品	
结转其他业务成本	其他业务成本	
结转税金及附加	税金及附加	
结转管理费用	管理费用	
结转销售费用	销售费用	
结转财务费用	财务费用	
结转营业外支出	营业外支出	
合计		

复核：　　　　　　制单：

$89\ \frac{1}{1}$

预计应交所得税及所得税费用计算表

2016 年 12 月　　　　　　单位：元

第四季度利润总额	所得税税率	预计应交所得税金额
	25%	
合计		

复核：　　　　　　制单：

$90\frac{1}{1}$

损益类账户结转表

2016 年 12 月　　　　单位：元

摘要	损益项目	结转前借方余额
结转第四季度所得税	所得税费用	
合计		

复核：　　　　制单：

$91\frac{1}{1}$

本年利润结转表

2016 年 12 月 31 日　　　　单位：元

结转情况 / 账户名称	结转前情况		实际结转		结转后余额	
	借方	贷方	借方	贷方	借方	贷方
本年利润						
合计						

复核：　　　　制单：

$92\frac{1}{2}$

董事会决定，对 2016 年实现的利润进行分配，按 10%提取法定盈余公积，按 30%分配投资者利润。

武汉欣达服装有限公司

2016 年 12 月 31 日

$92\frac{2}{2}$

利润分配表

2016 年 12 月 31 日　　　　单位：元

分配项目	分配依据	分配率	应分配金额
提取法定盈余公积			
应付利润			
——武汉恒达商贸有限公司			
——胡欣			
合计			

复核：　　　　制单：

$93\ \frac{1}{1}$

利润分配明细账户结转表

2016年12月 单位：元

摘 要	项 目	金 额
结转利润分配各明细账户	利润分配——提取盈余公积	
	利润分配——应付利润	
合计		

复核： 制单：